歴史文化ライブラリー

580

スポーツの日本史

遊戯・芸能・武術

谷釜尋徳

吉川弘文館

目　次

日本人とスポーツ――プロローグ

1　日本人とスポーツ

近代以前の日本にスポーツはなかったのか

今日、世間一般で「スポーツ」だと認識されているのは、オリンピック競技大会で目にするような各種の運動競技だろう。しかも、その種目は、柔道や相撲など日本古来の武道を除けば、おおむね欧米で誕生した近代スポーツを指している。

しかし、このようにスポーツを理解するなら、近代スポーツが欧米から本格的に移入される明治時代まで、日本にはスポーツと呼べる代物はほとんど存在しなかったことになる。はたして、近代以前の日本は、スポーツ不毛の地だったのだろうか。

実は、近代以前の日本にスポーツがあったのかどうかは、スポーツをどのように定義するかにかかっている。

スポーツとは何か?

この疑問に答えることはきわめて難しい。なぜなら、スポーツという言葉の意味するところは、時代とともに大きく変化してきたからである。

現代日本のスポーツの定義

現代日本のスポーツの定義を知るために、スポーツ基本法（平成二三年 法律第七八号）をみてみよう。その前文には、「スポーツは、心身の健全な発達、健康及び体力の保持増進、精神的な充足感の獲得、自律心その他の精神の涵養等のために個人又は集団で行われる運動競技その他の身体活動」と明記されている。スポーツ基本法は、「身体活動」を前提にスポーツを定義していることがわかる。

しかし、歴史的にみて、スポーツは最初から身体活動に関わるものだけを対象としたのではない。スポーツは、もっと広い意味の言葉だった。

語源からみたスポーツの解釈

岸野雄三によると、スポーツの語源は、気晴らし、戯れ、ふざけなどを意味し、広く「遊び戯れること」を指すという（『スポーツ科学とは何か』）。また、マキントッシュは、スポーツの語源的な解釈として「人生の悲しいあるいは深刻な面からのどのような気分転換をもスポーツと呼んでいる。それは山に登ることから恋をすることまでの、また自動車競走から悪ふざけをすることまでの活動を一切網羅している。」と述べた（『スポーツと社会』）。もともと、スポーツの守備範囲は相当広いようである。

本木庄左衛門《もときしょうざえもん》らが編纂し、文化一一年（一八一四）に完成した日本初の英和辞典『諳厄利亜語林大成《あんげりあごりんたいせい》』には、「Sport（スポルト）」の和訳として「消暇」が当てられている。また、文久二年（一八六二）にオランダ通詞の堀達之助《ほりたつのすけ》が編纂した『英和対訳袖珍辞書』では、「Sport」は「慰ミ、滑稽、嘲弄、猟、漁、乗馬」と和訳された。一九世紀の日本に「スポーツ」という言葉が定着していたわけではないが、ごく一部の識者が知り得たこの言葉の意味は、少なからず語源のニュアンスを残していたのである。

日本で最初に「スポーツ」が国語辞書に載ったのは、昭和七年（一九三二）の『大言海』だとされている（阿部「スポーツ概念の変遷」）。『大言海』は、「スポウツ」を「戸外遊戯、屋外運動競技」と説明してみせた。国語辞書への掲載を物事の受容の尺度とするなら、スポーツという言葉が日本人に知れ渡るのは、昭和初期頃の出来事だったといえよう。

近代スポーツの要素と特質

スポーツが運動競技の意味を内包した今日的な概念となるのは、欧米産の近代スポーツが世界中に拡散し、スポーツの競技化や組織化が進んだ一九世紀以降のことである。

ジレは、とある行為をスポーツと認定するための要素として、「遊戯」「闘争」「はげしい肉体活動」の三つを掲げた（『スポーツの歴史』）。また、グートマンは、スポーツを

「〝遊び〟の要素の濃い肉体的な競技」だと定義している（『スポーツと現代アメリカ』）。いずれも、遊戯性、競争性、身体性を挙げているところが特徴である。

グートマンは、近代の競技スポーツを特徴づける指標として、「世俗化」「競争の機会と条件の平等化」「役割の専門化」「合理化」「官僚組織化」「数量化」「記録への万能主義」の七つを提示した（『スポーツと現代アメリカ』）。グートマンの見解は、世界各地の伝統的な競技と近代スポーツを区別するフレームワークとして非常に興味深い。

こうした定義づけや指標の設定は、欧米産の競技スポーツの特質を見抜くうえでは有効である。しかし、近代スポーツ移入前の日本のスポーツを取り上げる本書では、近代的な思考をそのまま持ち込んで事足れりとするのではなく、もう少しだけ間口を広げてみたい。

スポーツの中の「競争」とは

岸野は、スポーツの根源的意味には、身体的なものと知的なものの両方が含まれるとし、スポーツを本質的に規定するうえでは「競争」の要素が重要だと指摘した（『スポーツの技術史序説』）。身体活動ではなく、競い合いの有無こそが、スポーツであるかどうかを分けるポイントだというのである。

スポーツの「競争」の意味を考えるうえで、マキントッシュが提示した「征服スポーツ」という枠組みに注目したい。直接的な競技の形態を取らなくても、登山などのように環境や状況から与えられる挑戦を含んでいれば、それは競争的な性格を内蔵するスポーツなのだという（『スポーツと社会』）。

これを援用すると、例えば近世の庶民が熱中した徒歩旅行も「スポーツ」の範疇に入ってくる。庶民の旅の目的は異文化に触れて楽しむことだったが、そのためには男女を問わず、連日の長距離歩行の疲労感に耐え、各地に点在した難所の克服に挑み続ける必要があったからである。

そういう意味では、近世の都市で大道芸人が演じた各種の見世物も、人間離れした曲芸をノーミスで披露するという課題に挑戦した点でスポーツだったし、それを楽しんだ観客たちは「みるスポーツ」の担い手だったといえよう。

本書で扱う「スポーツ」の範囲

このように、スポーツという言葉の意味は実に多様で、そこに明確な定義づけを与えることは困難である。本書ではさしあたり、その本来の意味に寄せて広義に解釈し、「競争性のある身体的あるいは知的な遊び」という範囲の中でスポーツを扱うことにしたい。

こうして日本列島に存在したスポーツを捉え返すと、現代人が知るよりもはるかに多くの「スポーツ」が射程圏内に収まる。例えば、聖武天皇《しょうむてんのう》が愛好した盤上遊戯も、知的に競い合う遊びという点でスポーツの要件を十分に満たしているといえよう。

あまり知られていないが、「マインドスポーツ」という呼び方があり、ボードゲームやカードゲームもその範疇に入る。アジア競技大会の正式種目に、チェス、象棋《シャンチー》とともに囲碁が名を連ねた実績もある。本書が採用するスポーツの範囲は、それほど飛躍した話ではない。

ともあれ、本書はスポーツの細かい定義づけをして、とある現象がスポーツであるかどうかを事細かに検証しようとするものではない。ここではあくまで、「スポーツ」の広大さを確認し、本書で取り扱う範囲が示せれば十分である。

本書では、スポーツを「競争性のある身体的あるいは知的な遊び」と理解しつつも、紙幅の関係上、身体活動を伴う運動競技や遊戯を中心に扱うことにしたい。

外来スポーツの三度の移入期

日本は明治以降に欧米から多くの近代スポーツを摂取したことはよく知られているが、実はそれよりも前に、二度のスポーツの移入期があった。最初は先史時代（弥生時代以降）、その次が古代で、移入先はいずれも中国大陸である。中には、中央アジアから中国に入り、朝鮮半島を経由して日本列島に到達した運動競技も存在した。

日本人が海外の運動文化に目を向けるようになったのは、明治以降のことだとイメージしがちである。もちろん、欧米由来の近代スポーツに限っていえば間違いではない。しかし、スポーツに対する国際的な眼差しは、近代の到来よりもはるかに早い段階で芽生えていたのである。

アレンジ好きな日本人

三度の移入期を経験した日本列島の人びとは、海外から渡来したスポーツをそのまま取り入れたわけではない。外来の運動競技や遊戯に改良を加えて日本の伝統文化との融合をはかり、日本独特のスポーツ文化を生み出したのである。

縄文人が用いはじめた弓矢という狩猟具は、弥生時代に大陸から戦争という行動原理を受け入れ、武器へと転じたことで技術的にも変容を遂げ、古墳時代に渡来した騎馬文化と合わさって武士の騎射《うまゆみ》競技の土台を形成した。また、古代に中央アジアからシルクロードを通って伝来した打毬《だきゅう》は貴族に愛好されたが、近世になると武士の軍事訓練を兼ねた勇壮なボールゲームへと改良されていく。

近代以降にも、欧米由来の陸上競技と日本古来の交通制度（伝馬制《てんませい》）を掛け合わせ、襷《たすき》をバトン代わりに「駅伝」という日本発祥の人気コンテンツを生み出した事実は、日本人による巧みなアレンジの好例だろう。

在来文化を活かしながら、外来の要素を取り入れて新たなスポーツへと再編していく柔軟な思考は、古くから日本人に浸透していたのである。

本書の課題

本書では、近代スポーツを本格的に受容する以前の日本列島を対象に、どのような時代に、どのようなスポーツが存在し、それを人びとがどのように楽しんだのかを、社会情勢や産業の発達とも絡めながら、先史時代、古代、中世、近世と時代を追って考察する。

日本人にとってスポーツとは何だったのか。この問いかけに歴史的な側面から答えようとするのが、本書の主な課題である。

過去のスポーツの姿を知ることは、現代のスポーツのあり方を見つめ直し、より良い未来を描くためにも有効な手段である。したがって、スポーツの歴史に興味を持つ人だけではなく、スポーツの現在や未来に関心を持つ人にも本書を手に取ってほしいと願って止まない。

日本のスポーツのあけぼの

先史時代の運動文化

狩猟という身体運動

本章で扱う先史時代とは、古代文明が起こる以前を指す。当然、日本列島の歴史区分の中では最もスパンが長く、歴史の教科書的な分け方では、旧石器時代、縄文時代、弥生時代、古墳時代がこれに該当する。

文字を持たない人びとの運動文化

文字文化のない先史時代には、スポーツに関わるまとまった文献史料の存在は期待できない。そこで本章では、主に考古学的な研究成果を頼りに、先史時代の人びとの身体運動や運動技術の考察を通してスポーツの片鱗を探ってみたい。先史時代の運動文化の蓄積が、古代以降のスポーツの発達に大小の影響を与えたと考えるからである。

人類は今からおよそ七〇〇万年前、地質学でいう新第三紀の中新世《ちゅうしんせい》後期に地球上に誕生し、やがて猿人、原人、旧人、新人（現生人類）の順に進化したという。地質学上の第四紀は、およそ一万年前を境に更新世《こうしんせい》と完新世《かんしんせい》に分けられる。氷河時代とも称される更新世には、何回か訪れた寒冷な氷期になると海面が今より一〇〇メートル以上も下降した。この時、日本列島はアジア大陸北東部と陸続きになり、トウヨウゾウやナウマンゾウなどの大型動物がやってきたと推定されている。人類も食料源としての大型獣を追いかけて、日本列島に移動してきたらしい。したがって、最初期の日本列島の人びとが運動する様子を知るには、狩猟の場面を手掛かりにするのが近道だろう。

この頃から縄文時代に至るまでの間が旧石器時代である。まずは、旧石器時代人の狩猟の話題からはじめて、太古を生きた人びとの身体運動の様相をイメージしてみたい。

槍の使用

長距離を移動する動物群を狩猟対象とした旧石器時代の人びとは、獲物を求めて遊動生活を営んでいた。移動を妨げる大きくて重たい物は持たず、恒常的な住居を構えることもなかったという。

旧石器時代の人びとは、大型動物の狩猟にあたって、石器を槍の先端に取り付けた狩猟具を使っていた。突き刺し専用の鋭利な石器である。最初に登場したのは、現代のナイフのように薄い石片が持つ鋭い刃を生かした「ナイフ形石器」、次に槍の穂先らしい形状から石槍の名もある「尖頭器《せんとうき》」、最後にかみそりのような「細石器《さいせっき》」が現れる（安蒜「旧石器時代の狩猟」)。旧石器時代の終わり頃には、細石刃を動物骨の側縁に埋め込んだ組み合わせ式の槍も使われていた。

槍の操り方

旧石器時代の人びとは、どのように槍を操って獲物を仕留めたのだろうか。

この時代の槍は、最初に獲物を突き刺す手持ちの「突き槍」が生まれ、次に獲物を目掛けて投げる「投げ槍」が登場したと考えられているが、ある時期からは両方が併存していた。

突き槍の場合、狩人は身の危険をおかして大型動物と接近しなければならないが、距離を詰めることに成功すれば槍はほぼ確実に命中する。反対に、投げ槍なら獲物に接近せずにすむが、槍の命中率と威力は各段に低下してしまう。いずれも、狩りの成果と自分の命を天秤にかけた一長一短があった。あるいは、突き槍と投げ槍の片方だけを用いたのではなく、最初は安全圏の距離から槍を投げて浴びせかけ、命中して大型獣が弱ったところに近づいて突き槍でとどめを刺すという狩猟法もあったかもしれない。

投げ槍は飛び道具として活躍したとみられるが、そうはいっても、人間の力で投射可能な飛距離は限られている。大型動物に致命傷を与えるために威力を出そうとするなら、槍の投げ方はおそらくオーバースローで、片手で槍を握って肩の後方まで引いてから、反動をつけて前方に腕を振って投射したのではないだろうか。助走をつけて投げる場合もあれば、立ち止まって（あるいは座って）狙いを定めて投げる場合もあったと考えられる。

投げ槍の威力を著しく増強させたのが投槍器《とうそうき》である（図1）。通常の槍に加工した道具を取り付けて投げるが、投槍器は手投げと比較して絶大な命中率と威力を誇る狩猟具だっ

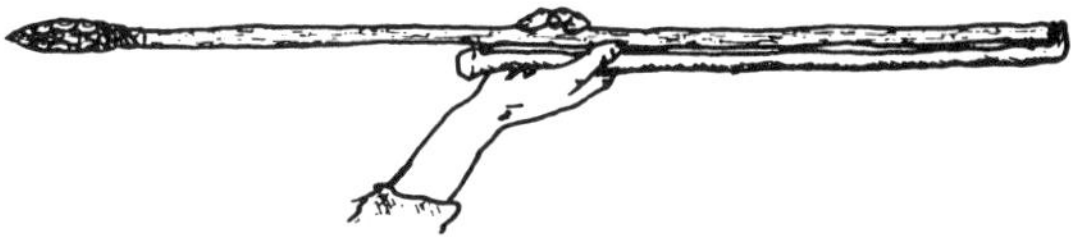

図1　旧石器時代の投槍器想定図（安蒜雅雄「旧石器時代の狩猟」より）

図2　アボリジニの投槍器と使用法（海部陽介『人類がたどってきた道』より）

たと考えられている。捕獲可能な獲物までの距離は、投槍器を使えばおよそ三〇メートルまで延びたという（国立歴史民俗博物館総合展示より）。

投槍器の利用は世界各地でみられ、五万年ほど前にオーストラリア大陸にやってきた先住民のアボリジニも、早くから投槍器を使って正確かつ遠くに槍を放つ術を知っていたとされる（海部『人類がたどってきた道』）。彼らの投槍器は上手投げで槍を放つ仕組みだった（図2）。日本列島にも投槍器があったとするなら、投げ槍の存在と合わせて、旧石器時代の日本にはオーバースローで標的を目掛けて物体を投げる運動技術が存在したことになろう。

実際のところ、日本列島の旧石器時代に投槍器があったのかどうか、正確なところは判明していないが、後期旧石器時代の初頭には、少なくとも投槍器か弓のいずれかは使われていたと推定する説もある（佐野「日本列島における投槍器・弓矢猟の出現と波及」）。

落とし穴猟

旧石器時代には、複数人で大型動物を追いかける集団猟が基本だったが、それだけではなかった。静岡県や神奈川県の約三万年前以前の遺跡では、谷を挟む丘陵上に直径一メートル近い土杭《どこう》が列状に掘られた例があり、獲物の通り道に仕掛けられた落とし穴だと考えられている。獲物を穴まで誘導する追い込み猟か、狩人の時間と労力の削減を意図して獲物が穴に落ちるのを待つ罠猟《わなりょう》に使われたのだろう。

落とし穴への誘導が成功した後は、槍で獲物を殺傷してから、最終的には深い土坑から重たい獲物を引っ張り上げなければならない。何かしらの道具を使った可能性もあるが、重たい物体を地上に引き上げることも、落とし穴猟に必須の身体運動だったのである。

旧石器時代人が営んだ遊動生活は、食料の加工や調理のために土器を用いる生活が開始される一万五〇〇〇年前頃に一変し、定住生活へと移行していった。縄文時代のはじまりである。

遊動から定住へ

遊動から定住への移行は、日本列島を取り巻く気候が温暖化し、環境の変化によって多くの食料が発見・開発されたことが理由の一つだった。また、温暖化により四季が明瞭になった影響も大きい。自然界の食料の総量は秋が最も多く、翌年の初夏が最も少なくなるが、こうした季節的な変動を乗り切るために縄文人は食料を加工し、保存した。大量の食料ストックを移住のたびに持ち運ぶことは効率が悪く、食料の加工処理には一定の作業場も必要になる。こうして、自ずと移動の少ない定住という生活様式が選び取られていったのである（山田『縄文時代の歴史』）。

人びとの定住化には、自然界で発生した日常的な食料調達競争の様相も影響していた。収穫期を迎えた堅果類《けんかるい》を、それを食料源とするクマやイノシシなどの競争者より先に効率的に収穫するためには、森の近くに恒久的な竪穴《たてあな》住居を構えて定住することが最も有効な手段だったと考えられている（藤尾『日本の先史時代』）。

弓矢と石鏃の登場

旧石器時代から縄文時代への移り変わりは、狩猟法の変化によっても特徴づけられる。縄文時代には、旧石器時代の投げ槍・突き槍に替わって弓矢が使用されるようになった。狩猟法を一新する画期的な技術革新である。

弓矢の登場は、自然環境の変化に対応した出来事でもあった。日本列島の植生が草原から森林へと変化したことで、そこに棲む動物相が変わり、狩猟対象となる獲物も大型獣から動きの素早い中型獣へと移っていく。こうして、イノシシやシカなどの森林性の中型動物を捕獲するための道具として、弓矢が登場し、発達したのである（小畑「弓矢のはじまり」）。

矢の先端に取り付けた石鏃《せきぞく》（矢尻）は、縄文時代の石器の代表格で、弓矢とほぼ同時期に出現したと考えられている。はじめに登場した石鏃は平面三角形だった。やがて、石鏃の三角形の長軸は一～三センチまで短くなる。長さが短くなれば重さも軽くなるが、小型軽量化の達成は矢を遠くまで正確に飛ばすことを可能にした。このことは、小さくて軽い石鏃でも十分にダメージを与えることができ、なおかつ接近すると気づかれて逃げられてしまう中・小型の動物が捕獲対象となったことを意味する。列島の温暖化は動物相を大きく変化させ、それに対応するかたちで石鏃も進化したのである。

縄文時代の狩猟具は弓矢だけではない。密生する森林では弓矢が有効だったが、草原をまじえる地帯では槍の出番だった。縄文人たちは、ある時は遠くから弓を引き、またある時は槍を持って獲物を追いかけ、槍を投げて仕留めるなど、多様な身体運動を駆使して臨機応変に狩猟をしていたのだろう。

旧石器時代には集団猟が基本だったのに対して、定住化が進んだ縄文時代には個人猟も発達した。個人猟には猟犬の存在が欠かせないが、縄文時代草創期の愛媛県上黒岩岩陰遺跡からは丁寧に埋葬された列島最古のイヌの骨が出土している（佐藤「日本列島の成立と狩猟採集の社会」）。縄文人は、猟犬を連れた個人猟や他者との収穫量の競い合いの中に、いくらかの遊び心を見出していたのかもしれない。

ここで、縄文時代に登場した弓矢という画期的な狩猟具の特徴に触れておこう。

縄文時代の弓矢の特徴

弓は、木や竹を合わせて作った弓幹（弓本体）に弦《げん》を張った道具である。構造的にみると、一本の木や竹から作る丸木弓と、木や竹や骨、それに腱《けん》や革などを張り合わせて弾力を強めた合成弓の二種類がある。日本列島で先史時代に用いられていたのは丸木弓だが、その起源地は明確になっていない（図3）。

縄文時代に狩猟具の主役へと躍り出た弓矢の特徴は、投げ槍と比べて飛距離が長いことである。弓矢の使用によって、捕獲可能な獲物までの距離はおよそ五〇メートルまで延長

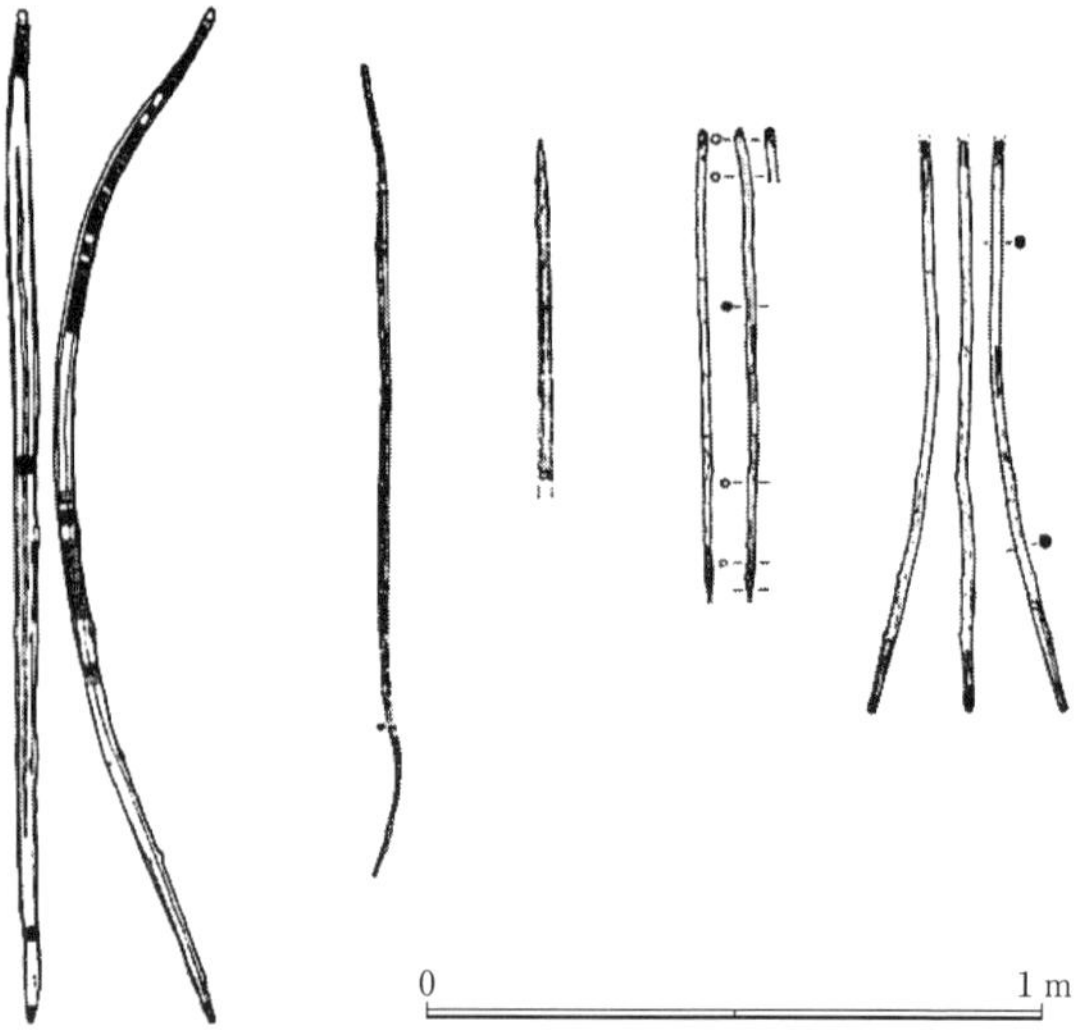

図3　縄文時代から古代の丸木弓（小畑弘己「弓矢のはじまり」より）

したという（国立歴史民俗博物館総合展示より）。弓矢は、きわめて優秀な狩猟具だった。

日本の弓は、世界に類をみない独特の長弓である。長さは二メートル強で、縄文・弥生時代の遺跡からも出土している。世界的にみても、日本の弓は長い部類に入る（松尾『弓道』）。

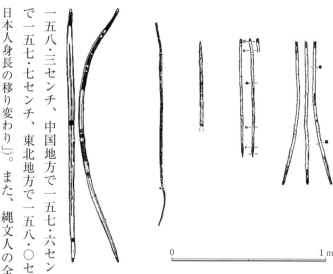

縄文人の身長

遺跡から出土した成人の大腿骨を用いた研究によると、縄文時代中期以降の男性の平均身長は、九州地方で一五八・三センチ、中国地方で一五七・六センチ、中部地方で一五七・三センチ、関東地方で一五七・七センチ、東北地方で一五八・〇センチだと推定されている（平本「骨からみた日本人身長の移り変わり」）。また、縄文人の全身骨格を解剖学的な手法で復元した近年の研究成果では、縄文人の平均身長は男性で一六二・七センチ程度だったという指摘もある（佐伯「解剖学的方法による縄文人の身長推定と比下肢長の検討」）。

このように、縄文時代に弓を操った男性の身長は、およそ一五〇センチ台後半から一六〇センチ台前半だったと推定できる。厚生労働省の『令和元年国民健康・栄養調査報告』によると、現代日本人の成人男性の平均身長は一七〇センチ前後まで延びているので、縄文人の身長に対する弓の長さは、現代人が受ける印象よりも随分長かったことになろう。彼らは、こうしたサイズ感で二メートルにも達する長弓を使いこなした。ただし、日本列島の人びとによる弓の操作技法がおぼろげながらも明らかになるのは弥生中期頃からである。

縄文時代草創期に登場した弓矢は、戦国時代に鉄砲が出現するまでの長い間、主要な狩猟具・武器として活躍し続けた。同時に、弓矢という道具は、古代の節会《せちえ》行事で披露された射的競技や中世以降の武士の騎射《うまゆみ》競技をはじめ、日本の伝統スポーツの中心的な位置を占めていく。その意味でも、縄文時代の弓矢の出現は日本のスポーツ史を語るうえで大きなターニングポイントだった。

戦争という競い合いの登場

農耕社会の発生

日本列島で縄文時代が続いている間、中国大陸では稲作農耕がはじまっていた。やがて、大陸の農耕文化が朝鮮半島に近い九州北部に伝わる。土地を耕して水を張り、米を生産する水田稲作が日本列島で開始された時期は、近年では紀元前一〇世紀後半にさかのぼるといわれている（藤尾『弥生時代の歴史』）。紀元前九世紀後半頃に九州北部で成立した水田稲作農耕は、やがて西日本、東日本へと時間をかけて広まる。紀元前四世紀には東北地方まで達し、それより遅れて紀元前三世紀には関東南部もカバーする。こうして、北海道と南西諸島を除く日本列島の大部分の地域は、食料採取の段階から食料生産の段階へと至り、弥生文化を形成していった。

弥生時代は、紀元前四世紀頃から紀元後三世紀中頃までの時期を指す。朝鮮半島南部の人びとが稲や金属器などをたずさえて渡来し、在来の縄文人とともに新たな文化を創造したと考えられている。渡来人たちは、大陸系の新技術を数多く日本列島にもたらしたが、その中には縄文人が知らなかった概念も含まれていた。集団間での戦争という行動原理とその方法である。

戦争のはじまり

日本列島の戦争は弥生時代にはじまったとされている。佐原真は考古学的な戦争の定義を、「考古学的事実によって認めることの出来る多数の殺傷をともないうる集団間の武力衝突」と示した（「弥生時代の戦争」）。また、戦争を認識するための考古学的事実は、「守りの村＝防禦集落（町・都市）」「武器」「殺傷（されたあとを留める）人骨」「武器の副葬」「武器形祭器」「戦士・戦争場面の造形」という枠組みをもって特定できるという（佐原「日本・世界の戦争の起源」）。

実際、弥生時代には、戦争の痕跡を示す考古学的な証拠が数多く発見されている。濠や土塁を周囲に巡らした防御用の環濠《かんごう》集落が存在したし、弥生中後期には、戦争に備えた逃げ城のような高地性集落が西日本の山上に多く分布している。愛知県の朝日遺跡は弥生中期の環濠集落で、強固な多重防御施設である。環濠が住居を幾重にも取り巻き、濠の中に木の枝を鋭く切った切り株を配置したり、濠と濠の間に先を尖らせた杭を斜めに打ち込んだ厳重なバリケードが築かれた。

武器の発達も目覚ましく、武器で殺傷されたであろう人骨が各地で出土している。縄文時代に狩猟用に生み出された弓矢も、人間を殺傷する武器として改良され、後述するように弓を射る技術も変化していく。豊作祈願や収穫の感謝を報じて集落で行われた祭礼では、銅剣《どうけん》・銅矛《どうほこ》・銅戈《どうか》などの武器形祭器が用いられた形跡もある。

もっとも、弥生時代の日本列島一帯で戦争が行われていたとは限らない。しかし、北部九州から伊勢湾沿岸までの範囲では、環濠集落や高地性集落、矢尻の発達、殺傷人骨をはじめとして、戦争を示す考古学的な証拠が明確に現れている（佐原「弥生時代の戦争」）。

なぜ、弥生農耕民は戦争をはじめたのか

農耕社会の段階に入ると戦争がはじまる理由は、松木武彦の説明がわかりやすい。農耕社会の主な糧である穀物は平均寿命を延ばし、出生数を増加させた。急激に増えた人口を養えるだけの穀物を得るには、次々と耕地を拡張しなければならない。しかし、いずれは限界が生じ、凶作なども影響して食糧不足に陥る。こうして、不足した食糧資源を力づくで押さえようとする動機から戦争が発生する。また、農耕社会には耕地という不動産が現れ、人びとの排他的な防衛意識が強まったために、集団間での争いが激化したという（『人はなぜ戦うのか』）。

朝鮮半島から海を渡って九州北部に稲作農耕の文化をたずさえた人びとがやって来たのは、紀元前五〜前四世紀頃だといわれている。渡来人は、稲作文化とともに人を殺傷する

ための武器、さらには戦争を想定した環濠集落なども日本列島に持ち込んだ。すでに戦争を知る激動の朝鮮半島で生まれ育った彼らは、集団ぐるみの組織的な武力によってトラブルを解決するという、戦乱社会の思考そのものを身につけていた（松木『人はなぜ戦うのか』）。そのため、縄文時代まで比較的穏やかだった日本列島の社会は、水田稲作農耕とともに、戦争という社会的な行動原理も大陸から摂取したといえよう。

かくして、弥生農耕民たちは稲作のテリトリーを巡って戦争をするようになった。戦争時代の幕開けである。

弥生時代の戦争のはじまりは、日本のスポーツ史を語るうえで重要なターニングポイントである。手持ちの武器で人に攻撃を加えたり、人に向けて弓を射るなど、軍事と関わる各種の運動技術を獲得したことが、後のスポーツの下地となった。ともすれば、競技スポーツに必須の人と人同士が競い合うという観念も、日本では、大陸由来の農耕文化に付随する戦争という行動原理を受け入れた弥生時代に色彩が強まったのかもしれない。

弥生人の戦争とは

弥生時代には日本列島で戦いが繰り広げられるようになるが、戦争に使われた武器は、紀元前九世紀の北部九州に出現する。最初は渡来人によって持ち込まれた武器を独自にアレンジした石製の武器だったが、やがて青銅で作った金属製の武器が朝鮮半島からもたらされる。紀元前一世紀頃になると、今度は殺傷力に優れた鉄製の短剣、矛《ほこ》、戈《ほこ》、鏃《やじり》などが中国大陸から伝わり、青銅製の武器に取って代わる。

武器の発達は戦いの様相を激化させていくが、弥生時代の人びとはどのように武器を操作して敵と戦ったのだろうか。出土した人骨に残された傷跡から、どのような武器で、どのような向きと角度から攻撃されたのかをある程度復元することができる。以下、藤原哲の研究から、弥生人がどのようなタイプの戦闘をしていたのか、言い換えれば、弥生人がどのように動いたのかをイメージしてみたい（「弥生時代の戦闘戦術」）。

藤原によると、出土した弥生時代の殺傷人骨の殺傷例は、次の四つに分類されるという。

Ⅰ　至近距離戦用武器（短刀・短剣）による殺傷
Ⅱ　接近戦用武器（矛・戈・剣・刀・斧）による殺傷
Ⅲ　遠距離戦用武器（弓矢）による殺傷
Ⅳ　遠・近距離戦用武器の複数による殺傷

Ⅰは、短剣による至近距離の背後からの殺傷である。片手で短剣を持ち、奇襲や裏切りなどの状況で背後から敵に近づいて殺傷したケースが想定されている。

Ⅱは、殺傷を目的とする武器を用いた意図的な殺傷行為である。具体的な殺傷方法は、刀剣類による近距離からの殺傷、利器による殴打、首の切断（首狩）がある。武器を使用した激しい殺傷行為（決闘・殺人・戦闘・儀礼など）があったことが確認できる。

Ⅲは、弓矢による遠距離からの殺傷である。集団的な戦闘中に遠距離からの矢または流れ矢などで殺傷、個人的な戦いや暗殺などにおいて弓矢で殺傷、儀礼などの意図的な行為で殺傷、というパターンが考えられるという。

Ⅳは、遠距離戦用武器（弓矢）と至近距離戦用武器（刀剣類など）の両方による殺傷例である。このパターンは、「まず矢を射込み、剣でとどめをさした」という戦闘形式だったと考えられている。集団的な戦闘による殺傷の可能性が高い。

弥生時代の前半まで用いられた殺傷力の低い石製の武器では、遠距離から敵に致命傷を与えるには程遠く、近距離まで接近する個人戦の様相が強かった。やがて、弥生後期には、殺傷力に優れた鉄製の武器が普及して遠距離からも有効な攻撃が可能になり、一気に集団戦の比重が高まったとするのが藤原の見立てである。

軍事訓練の可能性

本書の関心から注目すべきは、こうした考古学的な研究成果から、弥生人の対人的な身体運動の片鱗がうかがえることである。身体運動を駆使して戦闘を有利に進めるには、毎回ぶっつけ本番で戦うばかりでは効率が悪い。だとすれば、弥生人は軍事力を高めるために訓練を実施することもあったと推測される。より想像力を働かせるなら、彼らの軍事訓練は、ある時は儀礼化し、またある時は競技化して、みる者を楽しませるようなシーンもあったのではないだろうか。

弥生時代の集落の遺跡からは、石製や金属製の武器とは別に、木で作られた武器がしばしば出土している。この「武器型木製品」は実際の戦闘に使ったのではなく、祭儀として行われた「模擬戦」用の武器だったとする説もある。考古学でいう模擬戦とは、「実戦になぞらえた戦い」という意味合いが強い。確かに、木製の武器なら相手に致命傷を与える可能性も低く、模擬的な要素を保つことができる。春成秀爾は、「双方が武器をもって戦う形式の模擬戦があったとすれば、それは戦いに先立って行なう、戦いの勝敗の占いと考えるのが自然であろう。」と指摘する（「武器から祭器へ」）。

このように、考古学的なアプローチからは、弥生人が実戦を想定した訓練に相当する慣習を持っていた可能性が見出せる。パフォーマンス向上を目指した技術的なトレーニングの存在は、すでに弥生時代に萌芽していたのだろうか。

射技の変化

弥生時代の飛び道具の主役は弓矢だった。弥生中期には、畿内を中心に鏃《やじり》の重量が重くなり、弓矢の殺傷能力は大幅に向上した。鏃が重くなるほど、それを飛ばすためには強い反発力が必要になるため、この時期には弓の強さ（弓力）が著しく増大していたことになる。しかし、弥生時代の弓は縄文以来の丸木弓で、弓の構造そのものに変化は認められない。そこで、弥生中期の弓力の増強は、弓自体の形態や構造の変化ではなく、その操作技法（射技）の変化によってもたらされたと考えたのが松木武彦である（「原始・古代における弓の発達」）。

松木によると、縄文から弥生前期までの射技は、弓の弦を顔の前までしか引き込まなかったという。この「短い引き込み」の射技は、目・矢・目標物が一直線上に並ぶために標的を狙いやすく、近距離から動物を仕留める狩猟に適していた。しかし、戦争の時代に突入し、弓矢の主な役割が武器へと転じると、重くなった鏃を遠距離の敵陣まで浴びせる必要が生じる。そのため、弥生中期の人びとは、弦を耳の後方まで引く「長い引き込み」の射技を習得することで弓の反発力を増大させ、大きく重くなった鏃を遠くまで飛ばせるようになったと松木は説明する。

弓の中央よりも下の位置を握ったことも、日本特有の技術的な特徴を生んだ。弓の下部を握ることで反発力が増加し、矢の発射角度も上向きになって飛距離が延び、発射時の持ち手への衝撃も少なくなる。また、弓の操作性や破損防止を考慮した場合にも、下方を握ることが効果的だという（松尾『弓道』）。

弓を握る位置については、三世紀頃に成立した『「魏志」倭人伝』に「木弓短下長上」（「木弓は下を短く上を長くし」）と記されている。このことから、遅くとも三世紀頃の弥生後期の日本では、弓の中央ではなく下部を握ることが定着していたのだろう。

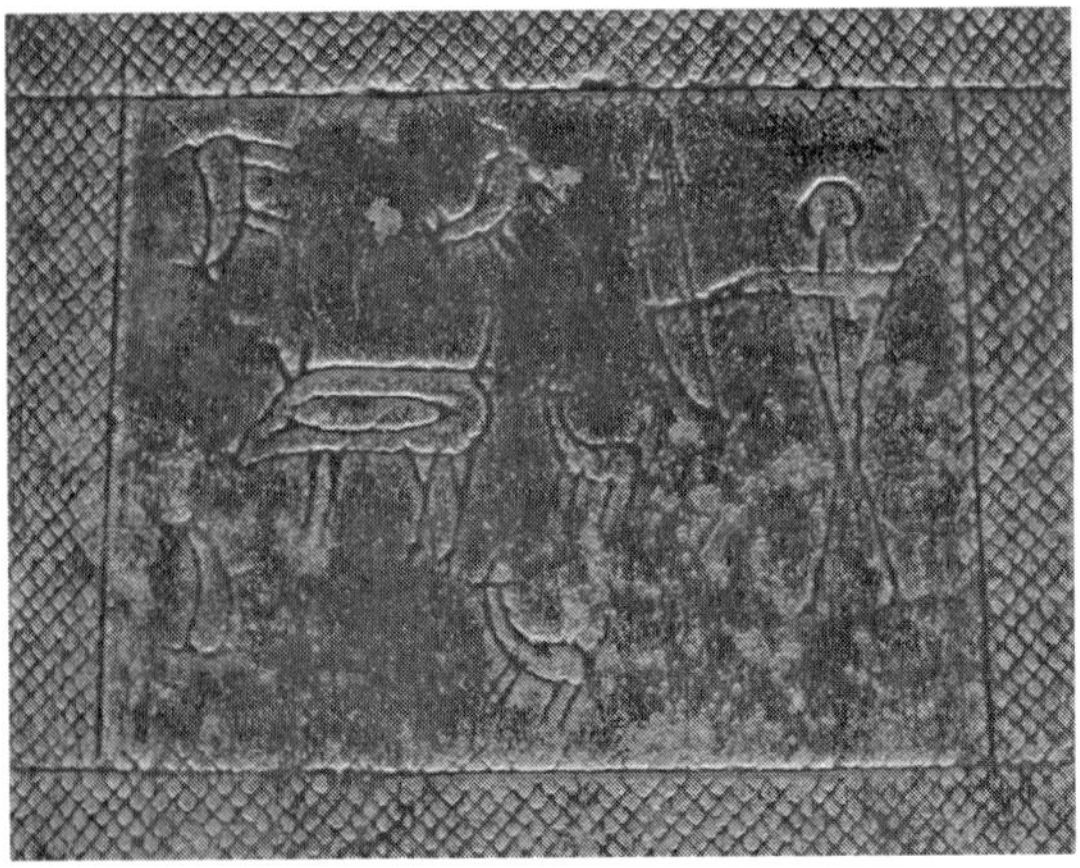

図4　弥生時代中期の袈裟襷文銅鐸に描かれた弓を射る人物（伝香川県出土，東京国立博物館所蔵）

弥生時代に製作された銅鐸《どうたく》（青銅で作られた儀礼用の鐘）に描かれた狩猟の絵をみても、狩人の弓の握りは中央より下にある。図4は、近世に現在の香川県から出土したと伝わる銅鐸で、弥生時代中期の紀元前二世紀から紀元前一世紀頃の製作とされる。獲物に向けて矢を発射した直後のフォロースルーは、矢を離した手が頭のはるか後方に描かれ、「長い引き込み」の射技だったことがうかがえる。弓の握りは、中央よりもやや下側である。

射技の変化によって、弓矢は威力と飛距離を兼ね備えた本格的な武器へと変質し、高地性集落を根城とする敵陣に遠距離からダメージを与えることを可能にした。かくして、弥生中期以降には集団間の戦闘が激化していく。

ところで、弥生中期に姿を現した長い引き込みも、中央より下に偏った握り方も、現代的な日本の弓道の特徴を示す射技である。弥生人は戦争をきっかけとして、試行錯誤のすえに長きに渡って継承される合理的な弓の操作技法を編み出したと理解しておきたい。縄文人は弓矢という画期的な狩猟具を用いたが、そこに武器として通用するだけの威力を与え、今日にも連なる技術的な下地を形成したのは、紛れもなく弥生農耕民たちだった。

武器の発達

こうして、弥生時代中期に起こった弓の射技の変化も影響して、日本列島では集団戦争が活発になる。弥生後期から古墳時代に入る頃には、さらなる戦争の激化と中国大陸との交流促進により、戦いに用いる武器が発達していった。

この頃には、日本列島産の鉄製武器の製作技術が普及し、武器の材質は石から金属へと取って代えられた。また、武器そのものにも従来の戦争を刷新するいくつかの変化が生じている。最初に起こった変化は、武器としての短剣の定着である。その次の変化は、大刀《たち》という新しい接近戦用の武器の登場だった。それまで、日本列島で使われていた左右対称の剣は、相手を突く機能しか持たなかった。一方、中国大陸からもたらされた大刀は、片側が刃で、反対側に強靭な峰があるため、相手を突き刺す、叩く、なぎ切るという新しい攻撃法が可能になり、接近戦の戦術を革新していく。

図5　弥生時代後期の青銅製鏃（鳥取市浜坂出土，東京国立博物館所蔵）

この時代の武器の変化として最後に挙げられるのが、青銅製の鏃（銅鏃）の普及である（図5）。飛距離の出る小形で軽い矢を多量に、かつ均質に作り出せる銅鏃の生産技術が根づいたことで、弓矢戦術の内容も変質した。石や鉄で生産された鏃は、一本一本の矢の重さやバランスが異なっていたが、青銅製の鏃の登場によって、より遠くの敵に、より多くの矢を、より正確に集中させるという掃射戦法が容易になったのである（松木『人はなぜ戦うのか』）。

運動の技術や戦術が、用具の材質や性能によって大きく変わるという原理は、今も昔も変わるところがなかったといえよう。

東アジア世界との交流

本格的な戦争の時代に突入した日本列島では、力のある集落が周辺の集落を統合し、各地に政治的なまとまりを持つ小国が形成されていく。小国の有力者は、前方後円墳をはじめとする大規模な古墳を作り、死後は副葬品とともに埋葬された。前方後円墳が盛んに作られた三世紀中頃から七世紀初め頃までが古墳時代である。

弥生時代に生まれた各地の小国は、大王《おおきみ》を頂点とするヤマト政権（倭国《わこく》）を中心に政治的な連合体としてまとまっていく。やがて、倭国は、鉄資源の確保をめぐって東アジア諸国と活発に交流をはじめる。倭国の朝鮮半島への渡海は、百済《くだら》との同盟による軍事的な援助を行う見返りに、鉄資源や最先端の文化・技術を手に入れるという意図があった。
四世紀以降の朝鮮半島では、高句麗《こうくり》、百済、新羅《しらぎ》のほか、半島南部の加耶《かや》諸国も含めて群雄割拠し、戦いが絶えなかった。やがて、騎馬戦力に優れた高句麗が台頭して半島北部を占領し、他国を圧迫するようになる。

馬の伝来

四世紀後半に高句麗が南下策を推し進めると、倭国は早くから密接な関係を築いていた百済や加耶とともに高句麗と戦った。倭国には乗馬の風習はなかったが、高句麗の強力な騎馬軍団に対抗するために、軍事的な必要に迫られて騎馬技術を学ぶことになる。やがて、百済や加耶から渡ってきた技術者によって、日本列島でも馬や馬具の生産がはじまった。

日本列島に騎馬文化が到来するのは、五世紀の古墳時代中期のことである。それ以前の日本列島には、馬という動物の存在は今のところ確認できていない。『「魏志」倭人伝』の「其地無牛馬虎豹羊鵲」（「その地には牛・馬・虎・豹・羊・鵲なし」）という記述を手掛かりにすれば、三世紀頃の弥生後期の日本列島には馬が生息していなかった模様がうかがえる。

馬が日本列島に持ち込まれたのは、高句麗に対抗するための軍備のリニューアルが目的だったが、渡来系の人びとがもたらした馬の飼育や利用の技術は急速に各地に伝わり、社会生活に欠かせない移動や運搬の手段になっていく。

図6　6世紀の馬形埴輪（埼玉県熊谷市上中条出土，東京国立博物館所蔵）

桃崎祐輔によると、列島各地の騎馬文化の受容に大きなタイムラグはなく、五世紀前半から遅くとも中期までには、東北南部から九州南部まですべての地域で騎馬文化を受容していた可能性が高いという（「日本列島における騎馬文化の受容と拡散」）。五世紀には各地の古墳に馬具が副葬されるようになり、この時期には古墳に被葬された権力者にも騎馬文化が届いていたことがわかる。五世紀後半から六世紀にかけては、馬形埴輪が盛んに作られた（図6）。

中国大陸から軍事利用の目的で乗馬の技術を習得した古墳時代の人びとは、騎乗しながら武器を扱うようになった。とくに、弓矢については、日本特有の長弓を巧みに操る射技が弥生時代中期までに見出されていたことに注目したい。後世に「弓馬の道」とも称される武士の騎射競技の伝統は、五世紀の騎馬文化の受容によって準備が整えられたといえよう。

日本古来の伝統スポーツの代表格にみえる騎射競技は、在来文化のうえに大陸由来の外来文化をミックスして生み出された代物だったのである。

力くらべの痕跡

力くらべとしての相撲の痕跡は、日本列島では古墳時代あたりから現れてくる。

『古事記』にみる力くらべ

太古の相撲の様子を文字で伝えた文献に『古事記』がある。元明天皇《げんめいてんのう》の命により太安万侶《おおのやすまろ》が和銅五年（七一二）に献上したものである。その中には「出雲の国譲り」という話が収められている。建御雷神《たけみかずちのかみ》と建御名方神《たけみなかたのかみ》という神々が、出雲国の稲佐浜（島根県出雲市）を舞台に力くらべで土地の領有を決めようとした神話である。

天照大神《あまてらすおおみかみ》が、大国主命《おおくにぬしのみこと》に支配地である葦原中国《あしはらのなかつくに》（日本国土の別称）を譲るようにと使者を遣わすが、大国主命はこれを拒否した。そこで、天照大神は建御雷神と天鳥船《あめのとりふね》神《かみ》を派遣する。国を譲るように迫る建御雷神に対して、大国主命は息子の建御名方神に対応を任せた。すると、建御名方神は建御雷神に「力競」（力くらべ）での決着を提案する。力くらべがはじまり、まず建御名方神が建御雷神の手をつかもうとしたが、その手は氷柱や剣に変わった。次に、建御雷神が建御名方神の手をつかむと、いとも簡単に折れてしまう。勝ち目はないと悟った建御名方神はその場から逃げ出すが、信濃の諏訪湖で追い詰められて降参し、諏訪大社の祭神となった。こうして、無事に国譲りが成立したという。

この神話に登場する力くらべは、互いに手を取って投げ合う形式で行われたようで、今日の私たちが知る相撲とは見栄えの異なるものだった。和歌森太郎によれば、『古事記』は史実ではないにしろ、その力くらべの描写からは太古の日本列島で行われた相撲の姿がうかがえるという。和歌森は「互いに手をとりあう」という形式は、後の相撲節会《すまいのせちえ》の「手合《てあい》」に継承され、それが現代の相撲の仕切りへ変形したと説明する（『相撲今むかし』）。

『古事記』に収められた神々の力くらべが相撲の起源だったかどうかはともかく、少なくとも、この神話が形成された当時の社会では、道具を持たずに生身の身体を駆使して互いの力を競い合う運動文化が実在したと考えてよい。また、「国譲り」という難題を力くらべによって決めていたことも注目に値する。『古事記』が編纂された時代には、重要な事柄の判断を力くらべの勝敗の結果に委ねる場合があったと想像できるからである。

『日本書紀』にみる天覧相撲

『古事記』と同時期に編纂された文献に『日本書紀』がある。舎人親王《とねりしんのう》らが編纂にあたり養老四年（七二〇）に成立した歴史書である。

『日本書紀』には、垂仁天皇《すいにんてんのう》七年七月七日に行われたとされる、野見宿《のみのすく》禰《ね》と当麻蹶速《たいまのけはや》の天覧相撲（同書では「捔力」）の様子が記されている。

大和国当麻（奈良県葛城市）に住んでいた怪力自慢の当麻蹶速は、周囲には太刀打ちできる相手がおらず、自分より強い者がいれば対戦したいと豪語していた。これを聞きつけた垂仁天皇が、誰か力が強い者はいないかと臣下に尋ねると、出雲国に野見宿禰という強者がいることがわかった。そこで、天皇は宿禰を呼び寄せて蹶速と対戦させた。いざ「捔力」がはじまると、二人は互いに足を上げて蹴り合ったが、宿禰は蹶速の肋骨を蹴り折って、ついには腰を踏み砕いて殺してしまう。

二人の対戦は、互いに蹴り合う壮絶なバトルを想起させる。まるでルールのない喧嘩のように、あまりにも暴力性の強いこの決闘は、芸能性を帯びた今日の相撲とはやはり様子が異なる。また、この天覧相撲の実施年月日にも信憑性はない。しかし、こうしたスタイルの決闘がおよそ二〇〇〇年前の日本社会に存在し、それが「捔力」と呼ばれていたことは想像がつく。

『日本書紀』には、皇極天皇《こうぎょくてんのう》元年（六四二）七月二十二日にも「相撲」の記事がある。

この日、天皇は百済の使者で高官の大佐平《だいさへい》と智積《ちしやく》、同じく百済の王族の翹岐《ぎようき》を朝廷に招いて酒食でもてなし、その前で健児《ちからびと》（天皇の近くに使えた力の強い者たち）に命じて相撲を取らせている。『日本書紀』によると、同じ年の五月二十一日には翹岐の従者が、その翌日には翹岐の子が死亡している。同書には、この相撲が意味するところは明確にされていないが、そこに「貴人の死に際して相撲をとる習慣」を見出すこともできる（寒川『遊びの歴史民族学』）。

葬送儀礼としての相撲

葬送儀礼と相撲の関係性をうかがわせるのが、各地から出土している力士像である。相撲取のことを「力士」と表現するのは近世後期になってからだが、ここでは一般的な呼称としてこの言葉を用いたい。

表1は、寒川恒夫の研究をもとに、古墳から出土した力士像の情報を整理したものである。これによると、五世紀後半から六世紀にかけて、西は福岡から東は福島に至るまで、古墳には力士像が収められていた。力士像にもいくつかのパターンがあり、力士をかたどった力士埴輪、組み合って相撲を取る人形が付けられた装飾付須恵器《すえき》、そして埴輪と同じ機能を持つ石製力士像に分類される。力士像の分布には地域性があるようで、力士埴輪は北関東を中心とする東日本と畿内、装飾付須恵器は西日本、石製力士像は九州から出土している。

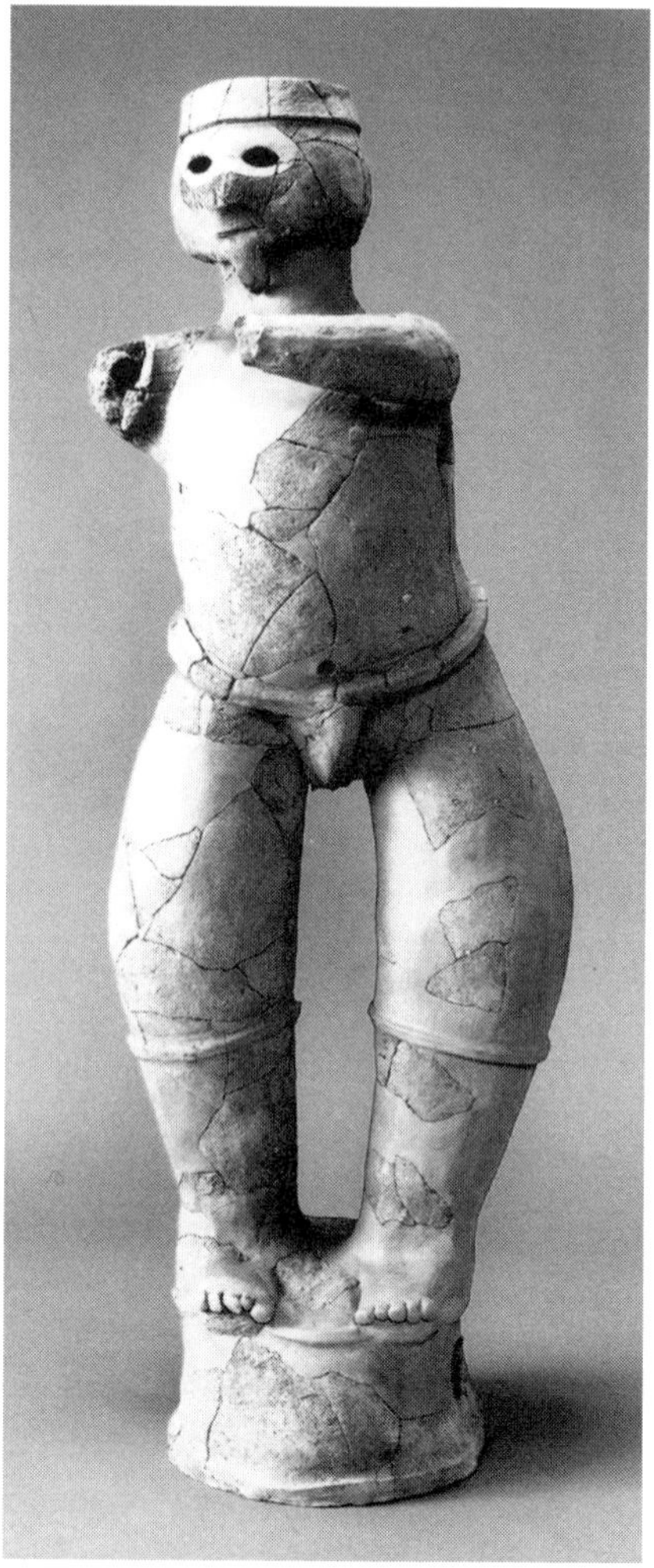

図7　古墳時代後期の力士埴輪（和歌山市井辺八幡山古墳出土，和歌山市立博物館所蔵）

寒川の研究以後にも各地の古墳から力士像が出土しているため、年代や地域性に多少の加筆の必要があるとはいえ、寒川が整理した情報は一定の傾向を捉えたものとみてよい。

図7は、六世紀前半の井辺八幡山古墳（和歌山県和歌山市）から出土した力士埴輪である。近畿地方を代表する大型の埴輪で、台座を含めた総高は一一三・五センチ、人物像だけでも一〇二センチの高さがある。褌《ふんどし》を締め、前腕部を欠いているが両手が前方に伸びていることから、相撲で組み合っている姿勢を表現したものと推定されている。頭部には

表1　古墳から出土した力士像

出土した古墳・遺跡	築造年代	種　類
大阪府高槻市昼神車塚古墳	6世紀前半	力士埴輪
大阪府堺市釉松南高田遺跡	不詳	力士埴輪
奈良県橿原市四条古墳	6世紀前半	力士埴輪
和歌山県和歌山市井辺八幡山古墳	6世紀前半	力士埴輪
和歌山県和歌山市大谷山22号墳	6世紀前半	力士埴輪
静岡県細江町陣内平3号墳	5世紀後半	力士埴輪
埼玉県行田市酒巻14号墳	6世紀後半	力士埴輪
埼玉県秩父地方出土	6世紀中葉以前	力士埴輪
群馬県富岡市芝宮79号墳	6世紀	力士埴輪
群馬県群馬町保渡田Ⅶ号墳	6世紀前半	力士埴輪
茨城県土浦市高津天神山古墳	6世紀前半	力士埴輪
茨城県東海村石神小学校古墳	6世紀	力士埴輪
福島県泉崎村原山1号墳	6世紀前半	力士埴輪
関東地方出土	6世紀中葉以前	力士埴輪
石川県出土	不詳	力士埴輪
岡山県牛窓町鹿忍出土	6世紀	装飾付須恵器
兵庫県竜野市西宮山古墳	6世紀	装飾付須恵器
島根県浜田市めんぐろ古墳	6世紀前半	装飾付須恵器
福岡県八女市岩戸山古墳	6世紀初頭	石製力士像
鳥取県倉吉市志津野口1号墳	6世紀後半	装飾付須恵器
兵庫県小野市黍田町勝手野古墳群6号墳	7世紀前半	装飾付須恵器
千葉県市原市御蓙目浅間神社古墳	不詳	力士埴輪
大阪府高槻市今城塚古墳	6世紀前半	力士埴輪

（出典）　寒川恒夫『遊びの歴史民族学』より.

鉢巻がみられ、顔面には入れ墨あるいは彩色のような文様がある（森編『井辺八幡山古墳』）。

図8は、岡山県瀬戸内市牛窓町から出土した六世紀の装飾付須恵器である。高い脚付きの長頸壺で、鍔《つば》状の台の上にさまざまな小像が配置されている。その中には、互いに組み合って相撲を取る二人の力士とそれを近くで

図8　6世紀の装飾付須恵器
（岡山県瀬戸内市牛窓町出土，東京国立博物館所蔵）

（鍔状台に配置された力士と見守る人物）

見守る人物の姿がある。

このように、五世紀後半から六世紀には、古墳に埋葬された権力者たちの葬送儀礼を構成する一要素として、相撲が位置づけられていたことがうかがえる。何より、この事実は、遅くとも五世紀後半における日本列島の多くの地域には、運動競技として相撲のような力くらべが行われていた可能性を強く示す材料となろう。

日本の葬送相撲のルーツとは

古墳時代の日本列島にみられた葬送相撲は、どのようなルーツを持つのだろうか。

大林太良によると、葬送の際に相撲を取る習俗は内陸アジアの遊牧民に多くみられるという（大林編『シンポジウム日本の神話　四　日向神話』）。東アジアでも、中国では紀元前二世紀頃の陝西省長安県客省荘の遺跡から浮き彫り帯金具が出土し、二世紀後半の河南省密県打虎亭村の壁画にも相撲が描かれている。また、四世紀中頃の朝鮮半島の高句麗古墳にも相撲のような力くらべの様子が描かれ、これに遅れて五世紀後半の日本の古墳から力士埴輪が出土した。こうして遺物の系譜をたどると、葬送相撲は内陸アジアから中国、そして朝鮮半島を経て日本に伝播したと推測することもできる（寒川『遊びの歴史民族学』）。

事の真相の解明は今後の研究の進展を待つほかはないが、先史時代の日本に存在した葬送儀礼としての相撲が、大陸から強い影響を受けていたことは間違いない。これまでみてきたように、大陸から戦争の行動原理や武器、さらには騎馬文化を受容してきた日本列島の社会が、その過程で葬送相撲の風習を受け継いだとしても不思議はないだろう。

ここで取り上げた葬送儀礼のほかにも、日本の相撲史には豊穣儀礼の系統があったとされる。薩摩を中心とする日本列島の南方では、相撲は収穫祭の場で大々的に行われ、人びとに「観る娯楽」を提供していたという見解もある（長谷川『相撲の誕生』）。

いずれにしても、日本列島には先史時代の昔から相撲のような力くらべが存在したとみてよい。日本列島の各地で相撲のような運動文化が普及していたことが、古代朝廷において諸国から力士を集めて天皇の前で相撲を取らせる相撲節《すまいのせち》を可能にしたのである。

来る「スポーツ時代」の下地の形成

プロローグで述べたように、日本人は外来のスポーツを複数期にわたって取り入れてきた歴史を持つ。その最初が、本章で取り上げた先史時代だった。

弥生時代には稲作農耕とセットで戦争という行動原理とその方法を大陸から受け入れているし、かつて縄文人が狩猟具として進化させた長弓は、武器としての使命を帯びたことで弥生中期以降に射技が大きく変化した。古墳時代には高句麗軍に対抗するために朝鮮半島から騎馬文化がもたらされ、殺傷力の高い鉄製の武器も次々と日本列島に渡った。葬送相撲もこの時代に内陸アジアから中国、朝鮮半島を経て日本列島に届けられたものだろう。もっとも、中国大陸から受け入れた運動文化はスポーツと呼べるような代物ばかりではなかった。プロローグでは、本書で主に扱うスポーツの枠組みを「競争性のある身体的あるいは知的な遊び」と示したが、狩猟や戦争の中に競い合いや身体運動といったスポーツの片鱗はみられたものの、「遊び」の要素を明確に掬《すく》い上げることは難しい。

それでも、先史時代に姿を現していたスポーツの芽は、古代の律令国家以降に展開されていく日本の前近代のスポーツを基礎づける下地を形成した。大陸由来の戦争によって発達した弓の技術と、同じく渡来人がもたらした乗馬術が合わさって、後の騎射競技の伝統が確立されていったことがその典型例だろう。在来の文化を有効活用しながら、外来の要素を織り交ぜて新たな代物を生み出していくという日本人が得意とする営みは、遠く先史時代までさかのぼる。

このように、先史時代は、日本人がスポーツに励むうえでの大きな前提条件を獲得した時代である。スポーツ技術の発達史からみても、近代の競技スポーツの特色は原始的な狩猟の段階ですでに姿を現しているという（岸野「スポーツの技術史序説」）。

マイネルは、すべてのスポーツに関わる運動の基本形態を分類した。その大要は、自分の身体一つで移動する運動（歩く・走る・飛ぶ・登る・下りる・泳ぐ・滑る・転がる）、他の物体に素手で直接的に働きかける運動（持ち上げる・押す・突っ張る・引き裂く・引っ張る・運ぶ・投げる・打つ）、他の物体に用具を介して間接的に働きかける運動（用具を操る）に整理することができる（『スポーツ運動学』）。

マイネルが示したスポーツ運動の基本形態は、その多くが先史時代の狩猟や戦争、そして相撲に類する力くらべの中に現れていた。

古代以降の日本では、社会の各階層で活発にスポーツが行われるようになるが、これを「スポーツ時代」とでも呼ぶならば、その確立は先史時代を抜きにしては成し遂げられなかったといえよう。

優雅なスポーツの誕生

古代貴族の遊び方

消閑の楽しみだった貴族のスポーツ

優雅に遊んだ貴族たち

先史時代までの日本列島で育まれたスポーツの片鱗は、古代国家の形成とともに明確に姿を現しはじめる。最初にスポーツの担い手となったのは、政治の実権を握る貴族だった。

人びとのスポーツ事情が文字で確認できるようになるのは、古代文明が起こって以後のことである。律令国家は文書による行政を原則としたため、公文書を扱う貴族社会に文字が普及した。したがって、私たちがアクセス可能な古代のスポーツは優雅な貴族文化に包まれたものが大半である。まず、天皇や上級貴族にまつわる記録の中にその痕跡が登場する。

おそらく、一般庶民も何らかの形でスポーツを楽しんでいたと考えられるが、その姿を文字による記録の中から探り当てることは難しい。そういう意味でも、古代社会のスポーツの主役は、時代の中核を担う貴族だったといえよう。

先史時代の日本列島では、狩猟や戦争など日々の生活と直結する切実な問題の中に、あるいは農耕儀礼や葬送儀礼の中にスポーツに類する行為が存在した。古代王朝社会が出現すると、そうした行為は生産や儀礼との距離感を保ちながらもスポーツそのものとして楽しまれるようになり、貴族の優雅な趣味の世界に取り込まれていく。

あくせく働く必要のない貴族たちは、余暇を消費する手段として純粋に没頭できる運動競技や遊戯に価値を見出し、後世に伝わる記録を残したのである。

外来スポーツの伝来

先史時代には、スポーツの土台を形成する要素が大陸から日本列島にもたらされたが、古代になると、より明確なかたちでスポーツが伝来する。この時代は、西域で発達したスポーツ文化が中国や朝鮮半島を経由して日本列島に伝わり、政権を握る貴族たちは外来の運動競技や遊戯にいち早く触れることになった。海を越えて渡来したスポーツには、アウトドア系として蹴鞠《けまり》、打毬《だきゅう》、競渡《けいと》、鷹狩《たかがり》などが、インドア系として各種の盤上遊戯や投壺《とうこ》などがある。

外来スポーツに限らず、古代の日本に存在したスポーツを拾い上げてみよう。一〇世紀前半の書物に『倭名類聚抄《わみょうるいじゅしょう》』がある。醍醐天皇《だいごてんのう》の皇女勤子内親王《きんしないしんのう》の命により源順《みなもとのしたごう》が編纂したもので、日本最初の百科事典ともいわれる。

同書の「雑芸類」の項には、投壺、蔵鉤《ぞうこう》（拳を使ったゲーム）、打毬、蹴鞠、競渡、競《くらべ》馬《うま》、鞦韆《しゅうせん》（ブランコ）、囲碁、弾碁《だんぎ》（盤上遊戯）、樗蒲《ちょぼ》（ダイスゲーム）、八道行成《やすかり》（盤上遊戯）、双六《すごろく》、意銭《いせん》（銭を使った的当て）、弄槍《ほこゆけ》（曲芸）、弄丸《ろうがん》（曲芸）、相撲《すまい》、相扠《たがえし》（拳闘）、相搏《こぶしうち》（拳闘）、牽道《みちくらべ》、擲倒《かえりうち》、闘鶏《とりあわせ》、闘草《くさあわせ》（珍しい草を持ち寄って優劣を競う）、拍浮《おうす》など数々の競争的な遊戯が並ぶ。

ここに取り上げられた勝負事は、源順が調査した範囲に限られるが、古代社会のスポーツの概略を知るには十分である。その大半が中国ないし朝鮮半島から伝わっているが、やがて日本風に改良されたものも生み出された。貴族たちは、外来スポーツを吸収しながら独自のスポーツ文化を創造し、優雅にスポーツライフを謳歌したのである。

貴族が愛した狩猟

旧石器時代から日本列島の人びとが食料獲得のために行ってきた狩猟は、古代になると有閑貴族たちの趣味として重宝された。狩猟具の主役は変わらず弓矢で、まず歩射《かちゆみ》が発達し、続いて騎射《うまゆみ》のスタイルが確立されたという。すでに、弥生中期には集団戦争で矢を遠くに飛ばす射技が見出されていたし、古墳時代には高句麗《こうくり》軍への対抗策として騎馬文化も受容されていた。貴族は、祖先たちが生み出した技術的な下地を活用して、狩猟を遊戯性のある〝スポーツ〟へと洗練させていったのである。

弓矢で獲物を仕留める狩猟とは別に、鷹狩は天皇や上級貴族たちを虜《とりこ》にした。鷹狩は、中央アジアの遊牧民から東西の世界へ広がり、日本には五～六世紀頃に伝来した外来スポーツである。

古代貴族の狩猟は、明け方か夕方に出猟するのが一般的だった。七世紀後半から八世紀後半頃にかけて編纂された『万葉集』の中には、「朝猟」「夕狩」という文言がみられる。七世紀半ば以降、狩猟は殺生禁断令の対象となる。殺生禁断令は、九世紀中頃までは肉食の禁断を意味し、禁欲によって神へ畏敬の念を示す呪術の側面を持っていたという（中澤『狩猟と権力』）。やがて、中国由来の仏教的な殺生罪業観が朝廷の中枢まで浸透すると、九世紀後半以降は仏教思想を織り込んだ厳格な殺生禁断令が頻発することになった。

しかし、禁令の発出は狩猟の衰退を意味するのではなく、むしろ貴族の狩猟への情熱が冷めやらなかったことを物語っている。禁じられながらも、貴族が狩猟を止める気配がなかったからこそ、取り締まりが継続されたのだろう。

平安時代には狩猟を禁じる傾向は和らぎ、天皇が活発に狩猟を楽しんだ記録が数多く残されるようになる。中でも、桓武天皇《かんむてんのう》は大の狩猟愛好家だった。今村嘉雄の『体育史資料年表』によると、桓武天皇の狩猟の記録は一二〇回を超え、ほかの天皇を圧倒している。

盤上遊戯の流行

優雅さを尊ぶ貴族社会では、室内の知的な競い合いも流行した。中でも、貴族たちが没頭したのが盤上遊戯というマインドスポーツである。

奈良の正倉院には、約一三〇〇年前の遊戯具が収納されている。所蔵品の中には盤上遊戯に用いられた遊戯盤も多い。聖武天皇《しょうむてんのう》が愛用した双六盤や碁盤もあり、天皇が盤上遊戯を好んだ様子がうかがえる。増川宏一は、正倉院の遊戯盤は中央アジア、中国大陸、朝鮮半島、北東アジア、東南アジアからそれぞれ伝来しているという事実をもって、奈良は「陸と海のシルクロードの終点」だと結論づけた（『盤上遊戯の世界史』）。

奈良時代の公卿で学者の吉備真備《きびのまきび》は、若くして唐に留学し、最先端の文物や知識を日本にもたらした人物である。『吉備大臣入唐絵巻』は、唐に渡った真備の活躍をフィクション調で描く。真備の才覚を妬んだ唐の役人は、真備を楼閣に幽閉して数々の無理難題を与えた。唐人が仕掛けた難題の中には、唐代きっての囲碁の名人を呼び寄せて真備と対局させるシーンもある（図9）。

物語の中核を担うエピソードに、囲碁の対決が登場することは注目に値する。日本と唐に共通する知的な競い合いとして、中国発祥とされる囲碁が相当だと判断された背景が読み取れるからである。また、真備の力量を図る指標として、囲碁が選ばれているのも興味深い。古代の貴族社会では、囲碁の腕前に長けていることが、その人物の能力を証明する

図9　囲碁で対決する吉備真備（『吉備大臣入唐絵巻』より，ボストン美術館所蔵）

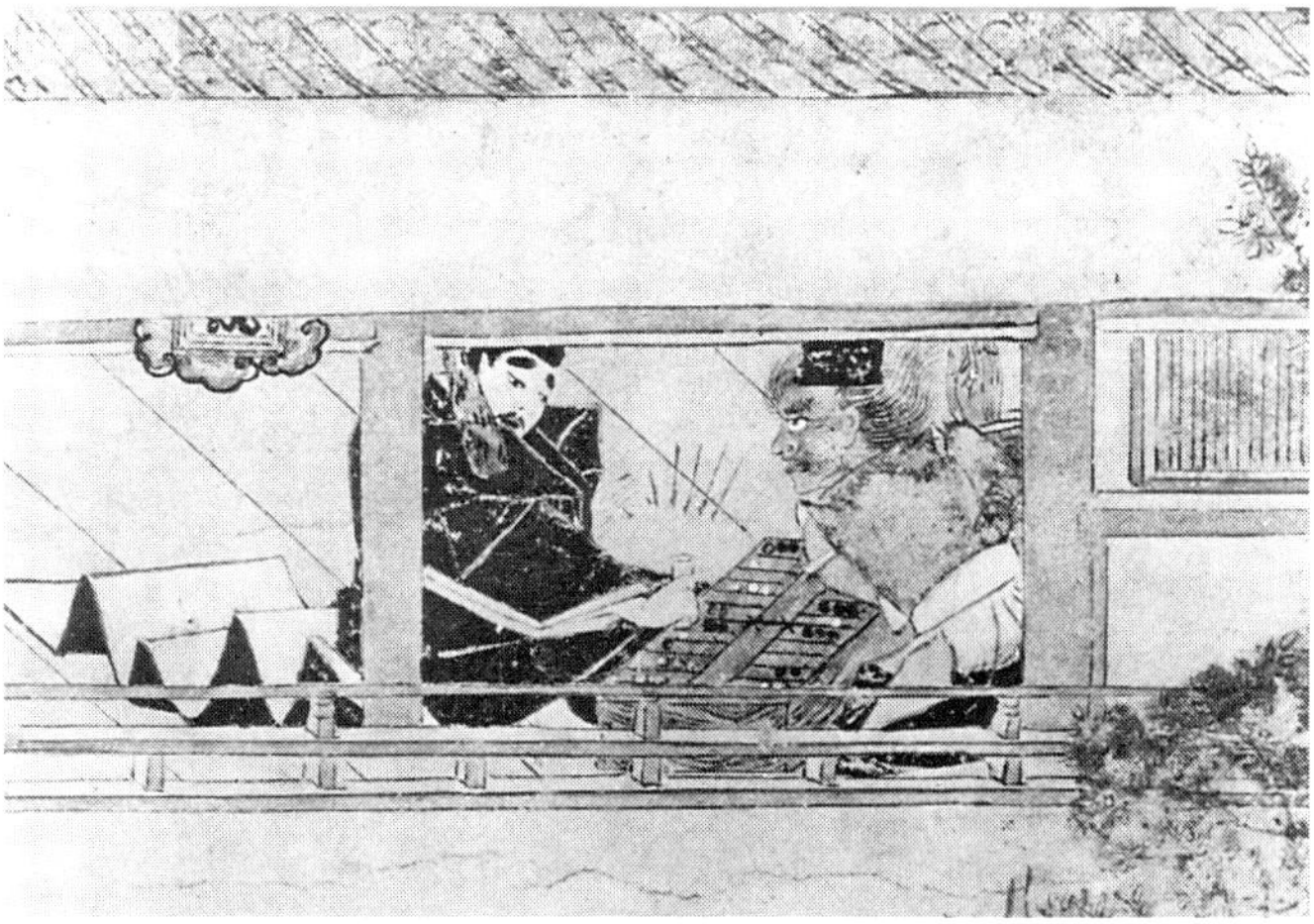

図10　盤双六で対決する紀長谷雄（『長谷雄草紙』より，永青文庫所蔵）

一つの要素だったのだろう。

時代は移り、平安貴族の熱狂的な支持を得たのが盤双六である。平安初期の公卿で文人の紀長谷雄《きのはせお》を描いた『長谷雄草紙』には、長谷雄が朱雀門《すざくもん》の鬼と絶世の美女を賭けて盤双六をした逸話が綴られている（図10）。当時の貴族社会に双六が浸透していた様子がうかがえる。

盤双六の勝負は、史実としても記録されている。平安中期の上級貴族、藤原行成《ふじわらのゆきなり》の日記『権記《ごんき》』には、寛弘四年（一〇〇七）八月一九日に権中納言大蔵卿と双六を打ったとある。盤双六が貴族の心を捉えて離さなかったのは、それが賭博の対象になっていたからでもある。藤原明衡《ふじわらのあきひら》は『新猿楽記』の中で、賭け双六で思い通りの賽の目を出す熟達者がいたことを書いた。古代の貴族スポーツは優雅な空気感に包まれていたが、そこに熟練のギャンブラーが公然と存在し、貴族の賭博熱を煽《あお》っていたことも一面の事実である。

僧侶たちのスポーツ賭博

古代のスポーツは貴族の占有物ではなかった。貴族政権と密接な関係にあった仏教僧は、貴族文化としてのスポーツを我が物とし、ついにはギャンブルの対象に取り込んでいく。

京都の高雄山神護寺を再興した文覚《もんがく》は、僧侶が守るべき戒律として元暦二年（一一八五）に『四十五箇条起請文』を定める。文覚は寺院内での博奕《ばくえき》を厳しく戒めているが、その具体例として挙げられたのは、囲碁、双六、将棋、蹴鞠などだった。

あえて起請文の中に具体例が盛り込まれたことから、平安末期の僧侶がこうした外来スポーツを存分に楽しんでいたこと、さらにはその勝敗の行方が賭博の対象になっていた事実がみえてくる。結果を予測しにくい競技性のあるスポーツは、ギャンブル好きの僧侶たちに格好の楽しみを提供していたのである。

もっとも、古代にスポーツ賭博をしたのは僧侶だけではない。貴族は自ら競い合いに参加したり、目の前で演じられる高度な技芸に魅了されるにとどまらず、勝敗の結果に賭けることにも大きな楽しみを見出していた。雅《みやび》やかな貴族社会でも、競技性があり勝敗の定まる事柄は漏れなく賭博の対象になったという（増川『ものと人間の文化史　九四　合せもの』）。

日本人がスポーツと賭博の関係を罪悪視するようになったのは、およそ明治以降のことである。日本のスポーツ史を語るうえで、スポーツと賭博の関係を切り離して考えることはできない。日本では古代の昔から、スポーツは賭博と良縁を結んできたし、両者はセットで理解する必要があろう。

現代日本人の眼にはやや〝不真面目〟に映る古代の貴族や僧侶のスポーツ賭博は、日本では大昔から公然と存在したスポーツの楽しみ方だったのである。

「みる」スポーツの確立

古代の貴族は、すでにスポーツを観覧するという楽しみ方を知っていた。その観覧対象の代表格は、宮廷の年中行事として披露された芸能や運動競技である。

節会行事としてのスポーツ

節会《せちえ》とは、古代の朝廷で天皇が群臣を集めて催した宴会を指す。年間の節日に、日頃奉仕する側の群臣が天皇からの労《ねぎら》いとして饗宴を賜った。節会の折には、国家秩序の安定や五穀豊穣を祈念してさまざまな芸能や競技が行われたが、それらを「節会スポーツ」と呼ぶことにする。節会スポーツは、天皇や朝廷を権威づけるきわめて政治色の強い国家儀礼だった。古代国家の形成とスポーツは、強く結びついていたのである。

天皇をはじめ上級の貴族にとって、節会行事としてのスポーツは観覧の対象だった。彼

表２　節会スポーツの実施概要

実施時期	種　目	演技者
正月17日，18日	射礼，賭弓	親王以下五位以上と六衛府の官人
５月５日，６日	騎射，競馬，馬の雑芸，打毬	近衛府，兵衛府の官人
(初期) ７月７日，８日 (後に) ７月下旬	相撲	諸国から選抜された相撲人

（出典）渡辺融「日本古代のスポーツ」より．

らは、諸国から集まった選りすぐりの競技者が演じる高度な技芸を大いに楽しんだ。古代貴族の間では、国家的な規模でスポーツを「みる」文化が根づいていたといえよう。

節会スポーツの実施時期、種目、演技者は表２のとおりである。それぞれの節日に、射的競技、騎馬競技、そして格闘技の相撲など、多様なスポーツが配置されていた。いずれも、先史時代に中国大陸の影響を受けながら、長い時間をかけて根づいたスポーツの系統である。先史時代に芽生えたスポーツの片鱗は、古代国家の節会スポーツが一つの受け皿となって着実に引き継がれていた。

節会スポーツは、朝廷の庇護のもとに成長を遂げた。だからこそ、高貴な人物に「みせる」ことを意識した技術や様式が生まれ、ショー的な要素も加味されていったのである。

射的競技

正月一七日の恒例行事が射礼《じゃらい》である（図11）。起源は定かではないが、『日本書紀』清寧天皇四年の条に載るのが初見だとされている（東京教育大学体育史研究室編『図説世界体育史』）。

まず、親王以下で五位以上の位を持つ官人の中から選ばれた射手《いて》が、左右に分かれて大的を射る。続いて、六位以下の位の官人が順に射技を披露するのが通常の次第である。

射礼の翌日には、内裏の弓場で賭弓《のりゆみ》が実施された。記録上は、天長元年（八二四）に宮廷で催された賭弓が早い例である（今村編『体育史資料年表』）。近衛・兵衛府から選ばれた射手が天皇の御前で弓の腕前を競う。勝者には賭物《のりもの》が与えられ、敗者は酒を飲まされるのが慣わしである。賭弓は、音楽や舞を鑑賞する間に行われる酒宴の余興だった。

一方、賭弓は技量だけではなく、矢を放つまでの式次第や射手の装束も重視された。優雅さを強調する貴族社会では、高度な技芸と合わせて様式美も尊ばれたのである。

騎馬競技

五月五日と六日の端午節会《たんごのせちえ》には馬の競技が行われた。天皇が群臣に薬玉《くすだま》を下賜した後、酒宴の最中に、騎射、競馬、打毬、その他の雑芸が披露されている。

八世紀頃から、五月五〜六日の両日にわたって行われたのが騎射である（図12）。五月五日にはすべての官人が騎射に参加し、その中から選ばれた熟練者は翌日、より的を小さくして難易度を上げた騎射を実施した。騎射は馬に乗って駆けながら、走路の左側に設置された三ヵ所の的を目掛けて連続的に弓を射る競技である。

一〇世紀後半から端午節会に組み込まれたとされる競馬では、二頭が直線的な走路で速さを競う。ルールの範囲内で相手の邪魔をすることも許されていて、ただ速さを競うだけではなく、騎手の馬術や駆け引きの腕前も見所だった。

五月六日には、騎乗して毬《まり》（ボール）を打ち合うチーム戦の打毬も行われたが、この熱狂的なスポーツについては後段で詳しく取り上げたい。

相撲節　先史時代に下地が整えられていた相撲は、古代には宮廷の相撲節《すまいのせち》として受け継がれた。諸国から選りすぐりの相撲人を招集した見応えのある力くらべである（図13）。

相撲節の記録上の最初は『続日本紀』の中に現れる。天平六年（七三四）七月七日条に、聖武天皇が相撲を観覧したことが記されている。この日、聖武天皇が酒宴を開いた形跡はない。そのため、この天覧相撲は厳密な意味での節会行事ではなかったが、後に続く相撲節が七月七日を定例としていることから、これが相撲節の起こりだと見られている（飯田『相撲節会』）。以降、約四〇〇年間、相撲節は宮廷の年中行事として維持された。

古代の相撲節は農耕儀礼と深い関係にある。和歌森太郎によると、相撲節は農作物の豊

図11　射的競技をする人びと（『年中行事絵巻』巻４より）

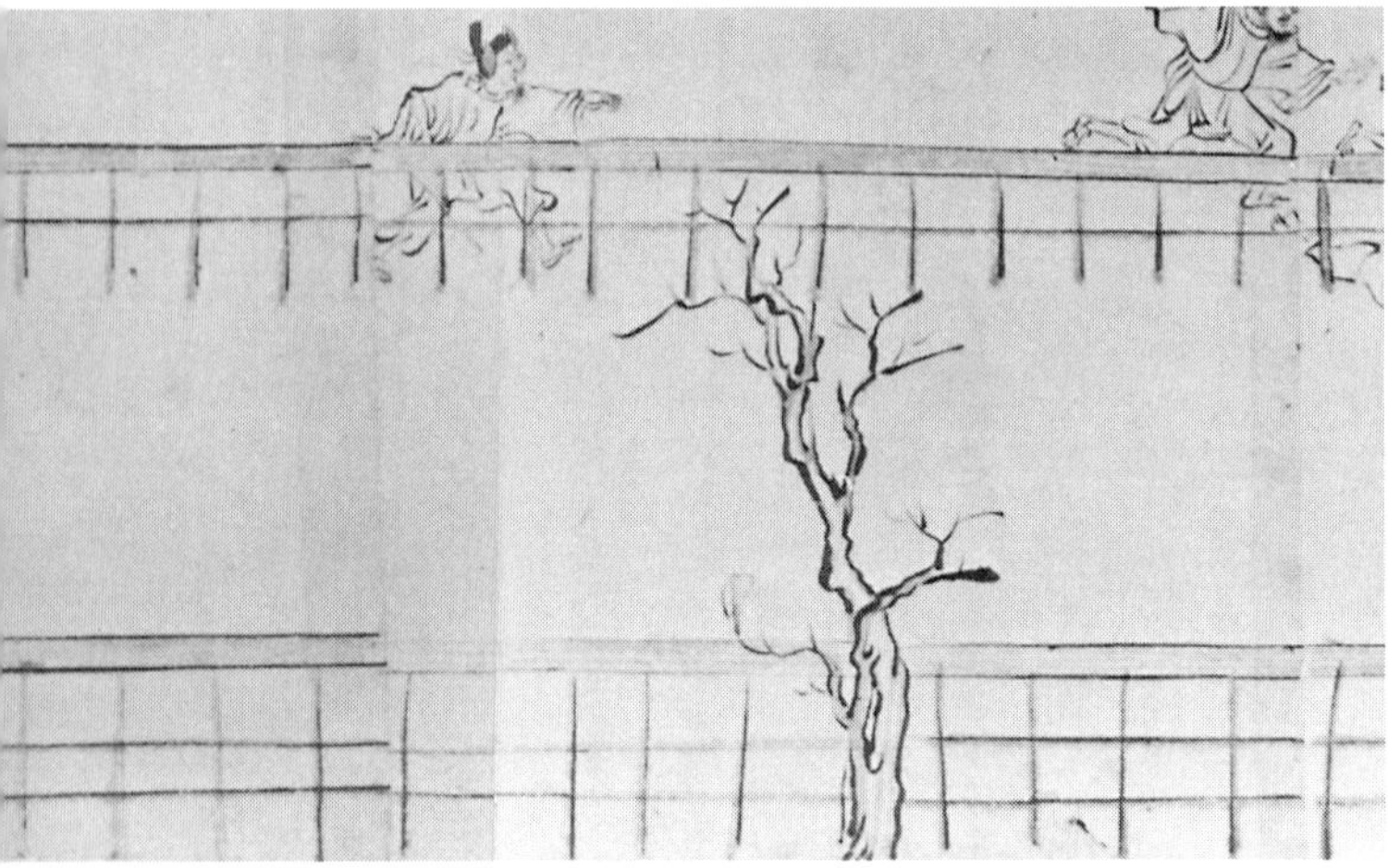

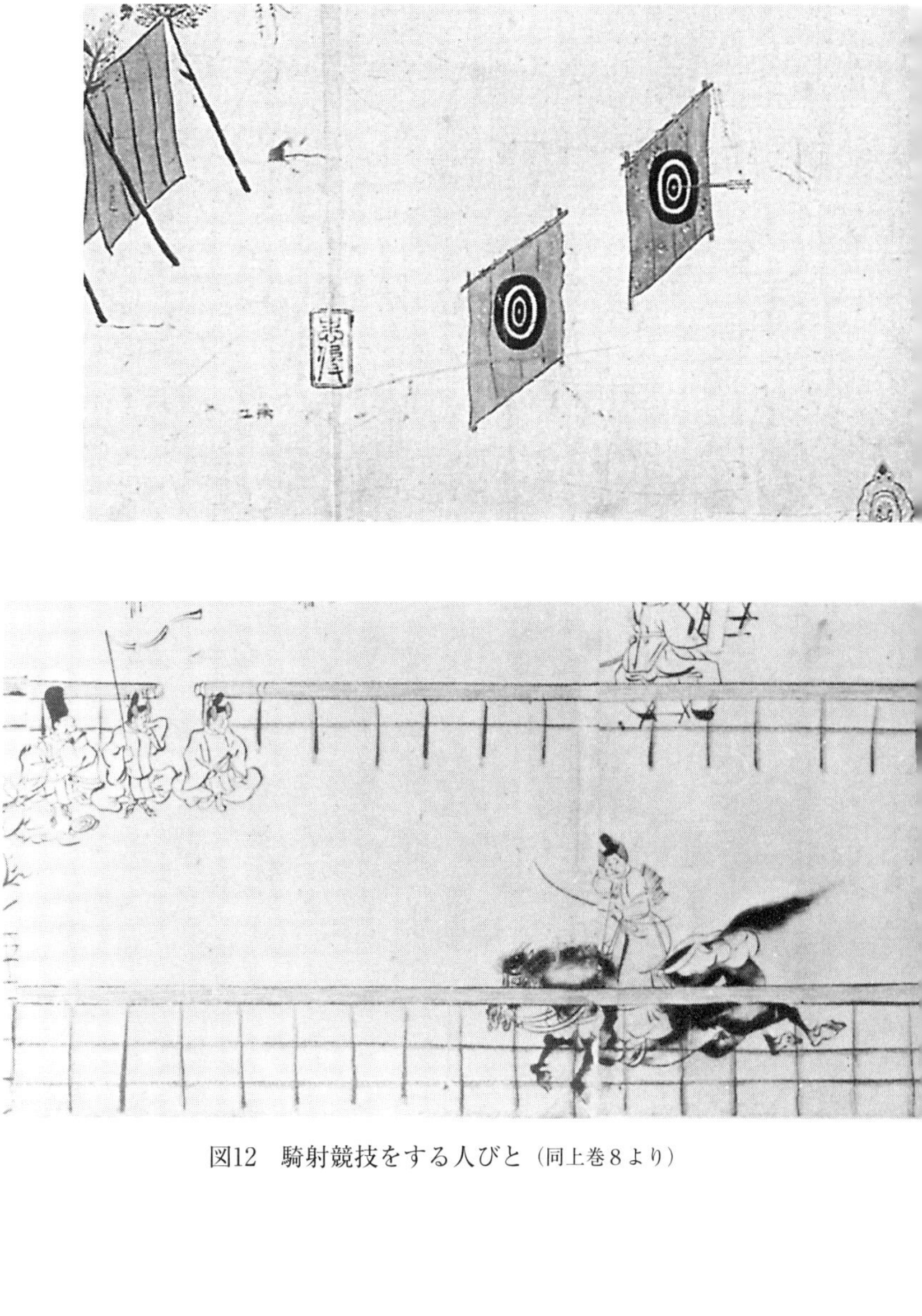

図12　騎射競技をする人びと（同上巻８より）

凶を占う「国家的年占《としうら》」の意味を持つ神事だったという（『相撲の歴史と民俗』）。

相撲節を運営するために、「相撲司《すまいのつかさ》」という役職者が任命された。親王と公卿が一致して相撲人を率い、天皇に相撲をもって奉仕するという基本的な構図がみられ、九世紀には朝廷の年中行事として定着する。また、相撲節には武力鍛錬の意味合いがあり、諸国から勇士を見出すための選抜試験を兼ねていたとする見解もある（酒井『日本相撲史』）。

九世紀末頃、相撲節の基本構造に大転換が生じる。相撲司が編成されなくなり、天皇へ奉仕する立場だった親王と公卿が天皇と並んで相撲を観覧する側に回った。このことは、律令国家の構造の変質を反映しているとみる向きもある（大日方『古代国家と年中行事』）。

同じ頃、相撲節と農耕儀礼の結びつきが薄くなり、相撲節の儀式の構成にも変化がみられた。天皇への服属・奉仕という相撲節に付与された国家的な儀礼の意味が失われ、「娯楽のための相撲観覧の行事」になったという（新田『相撲の歴史』）。

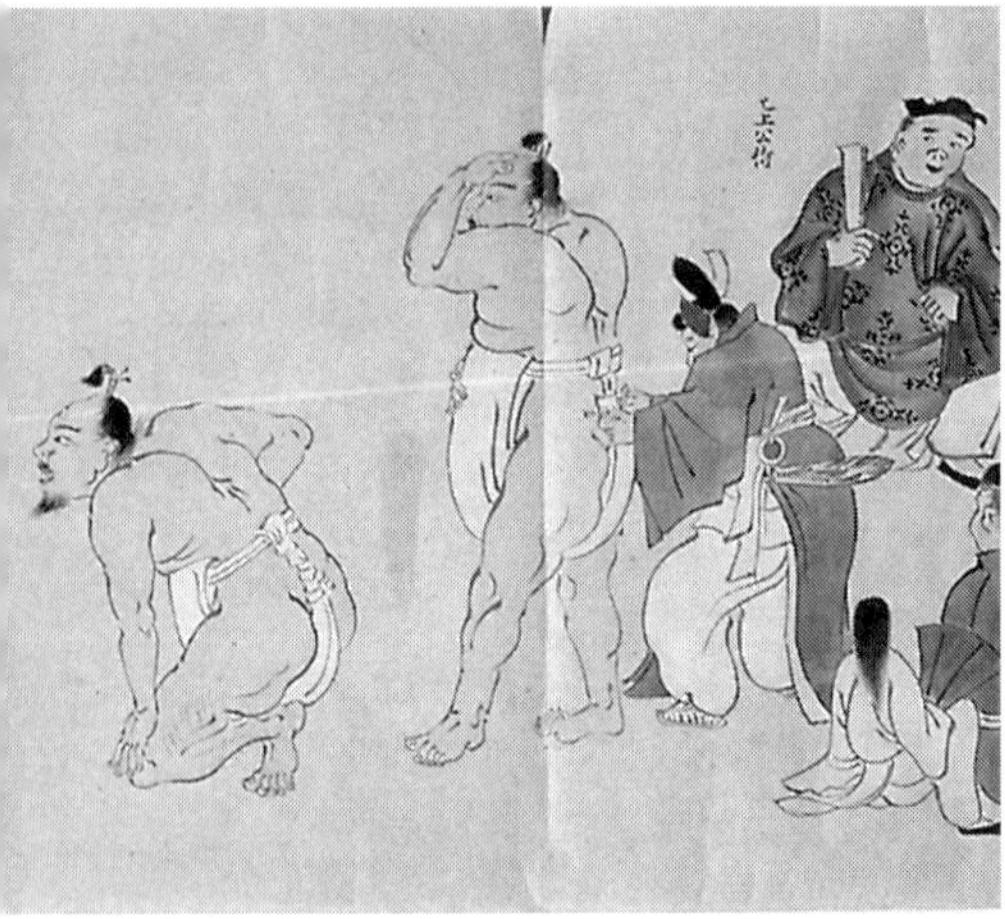

（『平安朝相撲絵巻』より，相撲博物館所蔵）

図13　相撲節の相撲人

やがて、一二世紀末に相撲節は廃絶するが、相撲そのものが途絶えることはなかった。平安末期以降、京都の寺社が受け皿となり、祭礼で奉納される芸能の一環として相撲が行われたからである。そこで活躍したのは、相撲節で招集されていた相撲人たちだった。

古代の相撲節や寺社祭礼で行われた相撲は、中世の武家相撲や近世の勧進相撲興行へと繋がっていく。先史時代から受け継がれた相撲という運動競技は、そこに内在する意味合いを変えながらも、着実に次の時代へと渡されていったのである。

スポーツ用具職人の登場

古代貴族のスポーツは賭け事と結びついていた。賭博の匂いを嗅ぎつけた人びとがスポーツの場に集い、勝敗の行方に厳しい視線を投げかけたことは、競技者の技術的な向上のみならず用具の改良も後押しする。競技者の力量に圧倒的な差がない限り、良質な用具を使うことが勝利への近道であると古代の人びとは知っていたのである。

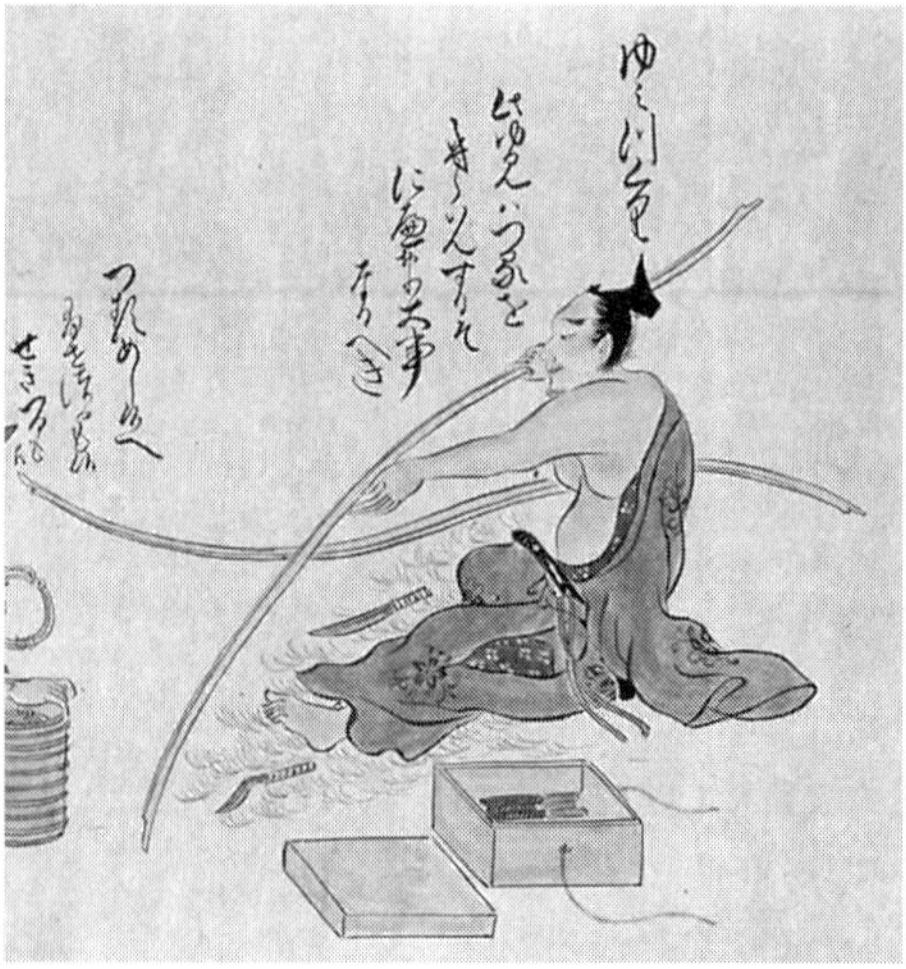
図14　弓作（模本『七十一番職人尽歌合』より，東京国立博物館所蔵）

もともと、用具は競技者の手製だったが、余暇を謳歌する貴族層が登場すると用具の製作は外部発注か既製の商品に頼るようになり、専門の職人が生まれた（遠藤『日本職人史の研究　第一巻』）。古代にスポーツを楽しむ文化を切り拓いたのは貴族だったが、そのスポーツライフを裏方で支えていたのは、用具の製造を請け負う職人だったのである。

先にみたように、宮廷の節会スポーツには弓を射る競技が多かった。そこに勝敗が争われ、賭け事の対象となる以上、より高度なパフォーマンスを目指す競技者やその支援者が良質の弓矢を求めたことは容易に想像がつく。その要請に応えたのが用具職人だった（図14）。弓の製造を請け負う「弓作《ゆみつくり》」と、矢を製造する「矢細工《やざいく》」は、一二世紀には登場していたとされる（遠藤『ヴィジュアル史料日本職人史　第一巻』）。

ほかにも、外来スポーツの用具を競技者が自作することは難しく、そこに職人の需要があった。蹴鞠を例にみても、その鞠（ボール）は手軽に製造できる代物ではない。こうした事情を背景に、鞠《まり》の製造を請け負う「鞠括《まりくくり》」が一二世紀後半に誕生している。

用具の構造や性能は、そのスポーツの技術やルール、さらには面白味を決定づける要素である。したがって、高度な手わざを駆使して用具を製造した職人たちの存在は見逃せない。

蹴鞠の伝来と普及

中国発祥の蹴鞠

古代の貴族が自ら楽しんだスポーツの代表格が、中国に起源を持つ蹴鞠である。古代中国の蹴鞠は兵士の軍事訓練として発達した。漢代（紀元前二〇六～二二〇）から唐代（六一八～九〇七）にかけては、ゴールへの得点を争うサッカーに近い競技だった（図15）。漢代末期以降は、ゴールのないパスゲーム形式の蹴鞠も出現し、唐代には宮廷貴族の間で盛んになる（笹島『中国の体育・スポーツ史』）。中国発祥の蹴鞠には、複数の系統が存在したのである。

ゴールの有無で分けられる複数の蹴鞠のうち、日本に伝わったのはゴールのないパスゲームの系統だった。だから、私たちは蹴鞠といえば複数人でパスを繋ぐ競技をイメージする。

図15　唐で行われたゴールのある蹴鞠（笹島恒輔『中国の体育・スポーツ史』より）

蹴鞠の伝来

日本では、蹴鞠らしきスポーツの存在を示す記録は、『日本書紀』までさかのぼる。皇極天皇《こうぎょくてんのう》三年（六四四）正月、法興寺（飛鳥寺）で中大兄皇子《なかのおおえのおうじ》と中臣鎌足《なかとみのかまたり》が「打毱《くえまり》」の会合を通じて急接近した。中大兄の履物《はきもの》が脱げ、鎌足がそれを拾い上げて捧げたという。その後、大化改新が起こる。日本史上、あまりにも有名な政変前夜のエピソードに、スポーツが登場するのである。

彼らがプレーしたのが、足を使う「蹴鞠」だったのか、後述する打具を操る「打毬」だったのか、はたまた全く別のスポーツだったのか、実は定説はない。いずれにしても、当時の日本の貴族社会にボールゲームが存在し、社交の手段になっていたことは十分に読み取れる。もし、この競技が蹴鞠だったなら、蹴鞠は少なくとも七世紀中頃には日本に伝来していたことになる。

『日本書紀』の記事は蹴鞠を指すという考え方が一般的だが、それを裏づける決定的な証拠はない。しかし、現存日本最古の公事書といわれる『本朝月令』には、大宝元年（七〇一）五月五日に「蹴鞠会」が催されたと記されている。『日本書紀』の記録とは半世紀ほどの差はあるが、やはり七世紀後半には蹴鞠は日本に到達していたとみるのが妥当だろうか。

蹴鞠というスポーツ

日本の蹴鞠は、「鞠足《まりあし》」と称される数名の競技者が、鞠を地面に落とさず蹴り上げて、連続的に受け渡すパスゲームである。競技場は「鞠庭《まりにわ》」と呼ばれ、四隅には四季を表す「懸《かかり》の木」という樹木を植えた。これは花鳥風月を愛《め》でる貴族の雅心《みやびごころ》を反映しているが、一面では競技空間の境界線の役割を果たす。また、鞠が枝葉に触れると不規則な変化球が生じ難易度が上がる。この人為的な障害物を克服するために、より高度な技術が創出されたのである（渡辺「懸りの木に関するスポーツ史的考察」）。

蹴鞠の参加人数は八人が一般的だった。鞠を順番にノーバウンドで蹴り続け、その回数を伸ばすことを目的とする。チーム対抗で競う「勝負鞠」もあった。

鞠は右足で蹴るのが慣わしで、一人が三回のキックで次の鞠足にパスを繋いだ。一回目で他者からパスを受け、二回目は自分の真上に蹴り上げ、三回目で次の鞠足にパスを送る

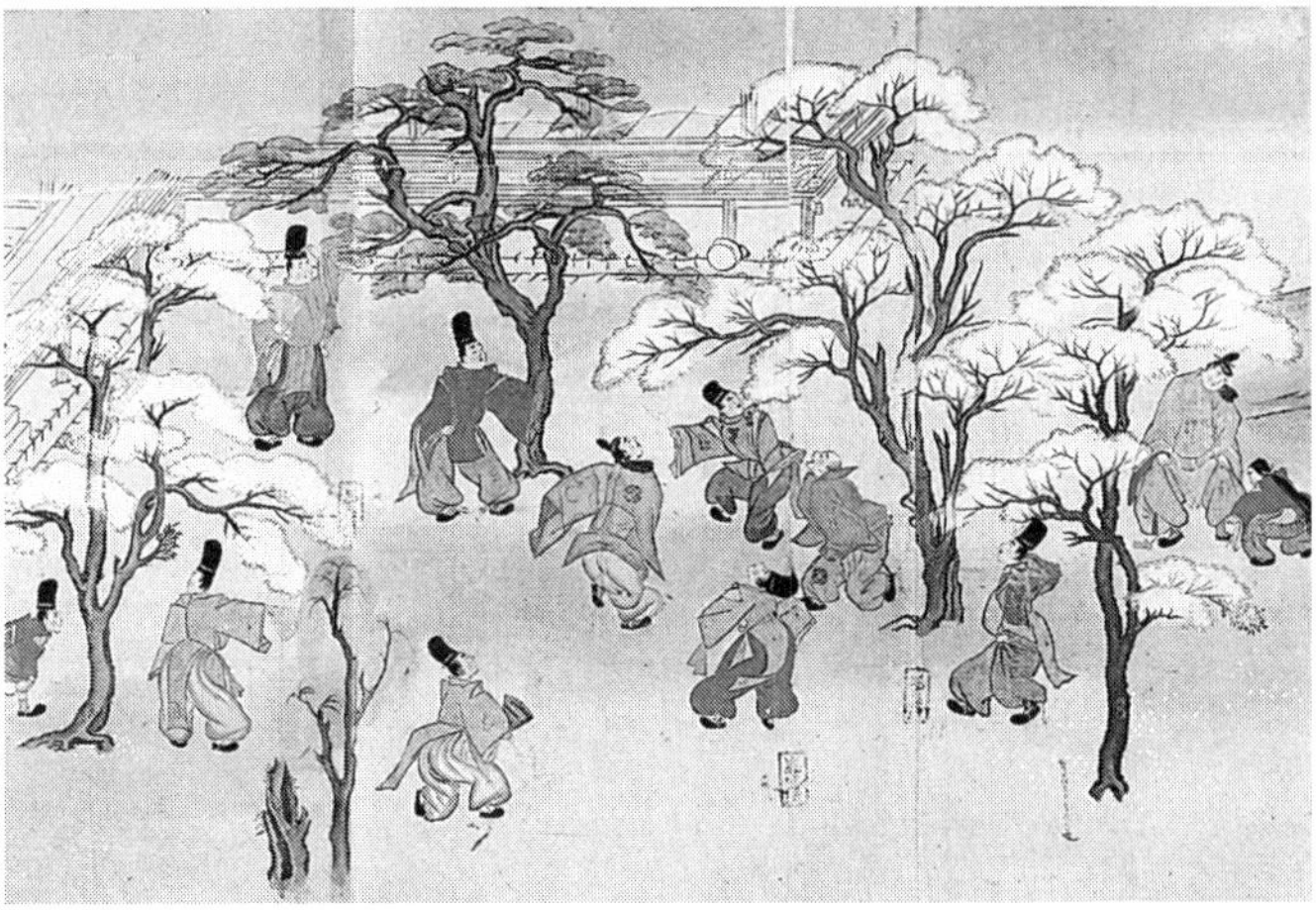

図16　蹴鞠をする貴族たち（『年中行事絵巻』巻3より）

（渡辺「公家鞠の成立」）。そのため、鞠を垂直に高く蹴り上げたり、他者に向けて緩く受け取りやすいパスを蹴る高度な個人技が要求された。

蹴鞠の技術は、鞠の構造からも影響を受けていたと考えられる。蹴鞠のボールは中空で、きわめて脆弱な構造である。したがって、鞠をダイレクトに上空へ蹴り上げるプレーには耐えられても、地面に弾ませたり、打具や手で強打したり、激しく奪い合うようなプレーには不向きだった。鞠足たちは鞠の構造の許容範囲内で技を磨いていたのだろう。

図16は、平安末期の歳時風俗を描いた『年中行事絵巻』のワンシーンで、蹴鞠に興じる貴族たちである。懸りの木の内側で、鞠足たちが蹴鞠を楽しむ姿がある。画中の右側で子

どもに履物を結わえさせているのは、これから蹴鞠に参加しようとする人物だと推定されている（五味『絵巻で歩む宮廷世界の歴史』）。

貴族社会への浸透

貴族の蹴鞠が史料に頻繁に登場するようになるのは一〇世紀頃からである。源 高明《みなもとのたかあきら》が朝廷儀式の仕来《しきた》りをまとめた『西宮記《さいきゅうき》』によると、延喜五年（九〇五）三月二〇日、仁寿殿《じじゅうでん》で宮廷貴族の蹴鞠の会が開かれている。この時、二〇六回ノーバウンドで鞠を蹴り上げる好記録が打ち立てられた。天暦七年（九五三）には、蹴鞠の熟練者一一名を宮中に招いた蹴鞠の会が催され、彼らは何と五二〇回という大記録を樹立して褒美を与えられたという。

ここで注目すべきは、蹴鞠の出来栄えが主観的な印象にとどまらず、客観的に確認可能な数量（回数）をもって伝えられていることである。古代の人びとは、記録への強い衝動を持ち、パフォーマンスを数値化して評価する思考をすでに持ち合わせていた。

ただし、彼らは鞠を蹴り上げた回数だけを問題にしたわけではない。そこには、技法、作法、装束、施設、用具などに及んで、貴族に相応しい多くの決まり事が定められていた。それは、腕力を売り物に台頭してきた武士と一線を画そうとする、支配者としての貴族の慎重な配慮だったといわれる（岸野「日本人の遊び」）。

平安時代の中頃に成立した『源氏物語』には、貴族の蹴鞠が登場する。競うように蹴鞠に打ち込む血気盛んな若者たちに混じって、涼しい顔で誰よりも華麗な足さばきをみせた人物を描く件がある。貴族社会では、記録の追求に終始する態度は下品とみなされ、高度な技芸と優雅な振る舞いを兼ね備えた鞠足こそが評価に値した。

応和二年（九六二）四月二八日と六月一七日には、天皇が侍臣（君主の側に仕える家来）たちのプレーする蹴鞠を観覧した記録が残されている（『西宮記』）。この時代の宮中では、貴族の蹴鞠がすでに「みるスポーツ」として成立していたことがうかがえる。

院政期以降、天皇や上皇が自ら参加する蹴鞠が貴族社会に浸透する。記録上、天皇や上皇のうち最初に鞠庭に立って蹴鞠をしたのは後白河院《ごしらかわいん》である。後白河院が自ら蹴鞠に興じた記録は、在位中、退位後を通して数多く残されている（村戸「後白河院の頃の蹴鞠 上」）。

「鞠聖」現る

この頃になると、蹴鞠の達人と称賛される鞠足も現れる。一二世紀前半に活躍した公卿の藤原成道《ふじわらのなりみち》は、「鞠聖《きくせい》」として後世に名を残した人物である。鎌倉時代の説話集『古今著聞集』には、「成道卿の鞠は、凡夫のしわざにはあらざるけり」とあり、成道の蹴鞠技術は常人を超越するレベルだったと記されている。

『成道卿口伝日記』によれば、藤原成道が蹴鞠を行なった日数は通算七〇〇〇日で、そのうち一日も欠かさずに蹴鞠を続けた日数は二〇〇〇日に及んだという。この間、病気の時は床に伏しながら鞠を足にあて、屋外に出られない大雨の時は大極殿《だいごくでん》で蹴り続けた。成道は明けても暮れても蹴鞠の稽古を欠かさなかったのだろう。命がけで蹴鞠に没頭した成道の目の前に、「鞠の精」が現れたという逸話もある。

いずれも、稀代の蹴鞠の名手だった藤原成道を彩るエピソードだが、後世の人びとが「鞠聖」としての成道に箔をつけ、蹴鞠を権威あるスポーツへと押し上げようとした跡がうかがえる。

シルクロードを旅した打毬

ペルシャから中国へ伝わった打毬

打毬は西アジアのペルシャで誕生した騎馬球戯で、西洋のポロと起源を同じくする。その発祥は紀元前五～六世紀の頃、ペルシャのダリウス大王が騎兵隊を編成し、軍事訓練の手段として馬上の球戯を行なったことに求められる（岩岡「打毬の発祥とその伝播」）。

ペルシャ発祥の騎馬打毬は、交易路に乗って東西に伝播していく。西の世界へ広まったものは西洋人の手でポロというスポーツに生まれ変わり、第二次世界大戦前まではオリンピック種目にも採用されていた。起源を同じくしながら、西洋に向けて枝分かれした側が一時的とはいえ国際的なスポーツの座に就いたことは興味深い。アジア発祥のスポーツが、ヨーロッパ近代の合理主義に適合する代物へと再編されていった典型例である。

図17　遼で行われた馬球（「便橋会盟図」より）

一方、このスポーツはシルクロードを通って東側にも伝わり、二世紀には中国へもたらされた。ペルシャから中国への伝播経路に定説はないが、中国では馬球、撃鞠、撃毬などと呼ばれ、唐代に隆盛期を迎える（図17、邵編『中国古代のスポーツ』）。

打毬の日本伝来

ペルシャで誕生した騎馬打毬は、長い時間をかけて遠く日本の地にも到達した。

打毬の日本への伝来は、雅楽の「打毬楽《だきゅうらく》」にはじまる（図18）。打毬楽とは、杖を手に持ち、毬を打つ様子を舞にした正月の芸能で、西アジアから中国に伝わった騎馬球戯がモチーフである。『万葉集』には、神亀四年（七二七）の正月、春日野で王子たちが集まって「打毬の楽」をして遊んだとある。実際に打毬が日本にいつ頃伝来したのか、正確なことはわかっていないが、遅くとも八世紀初頭には日本人は打毬と出会っていたと考えてよい。

それから約一〇〇年後、弘仁一三年（八二二）の正月に渤海国《ぼっかい》の使節が豊楽殿《ぶらくでん》で「打毬」を披露したという記録が残されている（『類聚国史』）。この時、渤海人が披露した打毬とは、手に持った杖で毬を打ち、騎乗した大勢の競技者が球門（ゴール）に入れた点数を競うスポーツだったという（村戸『遊戯から芸道へ』）。

図18　打毬楽（『舞楽図』より，宮内庁書陵部所蔵）

渤海国は、七世紀末から一〇世紀初期まで、現在の中国東北部から朝鮮半島北部の沿海州を領域とした国である。八世紀初頭から日本に向けて使節を派遣するようになり、交易も盛んだった。中国の唐代に隆盛を極めた打毬が渤海国へと伝わり、それが朝鮮半島経由で日本にもたらされた可能性がある。古代の日本では、スポーツを通じた海外との文化交流が図られていたことに注目しておきたい。

日本に伝わった打毬は、主に宮中の節会スポーツとして行われるようになった。

貴族社会と打毬

遊牧民たちが生み出した勇壮な騎馬打毬を日本人はどのようにプレーしたのだろうか。『続日本後記』によると、承和元年（八三四）五月に宮中で打毬が催された形跡がある。しかし、騎乗して行う打毬だったかどうかは不明で、プレーの情景も定かではない。

騎馬打毬の様態が記録として確認できるようになるのは、一〇世紀半ばである。『西宮記』には、天暦九年（九五五）五月六日に宮中で行われた打毬の様子が詳しく描写されている。武徳殿《ぶとくでん》の馬場で行われた打毬は、騎乗した競技者が二手に分かれて大臣が投げ入れた毬を打具で打ち合い、馬場の両端に立てられた自軍の球門に入れ、勝敗を争ったという。二つのチームが、ゴールへの得点をめぐって攻防を展開する騎馬競技だったことがわかる。

右大臣の藤原師輔《ふじわらのもろすけ》の日記『九暦《きゆうれき》』には、天慶七年（九四四）五月の打毬の次第が記されている。まず、内匠寮《たくみりよう》が二〇個の毬を机上の箱に盛り、左近権少佐の藤原敦敏《ふじわらのあつとし》がその毬を取って大臣の前に置く。続いて、官人たちがおのおの馬を牽いて左右の陣の後方に立つと、右大臣が投げ入れた毬を両軍が打ち合った。勝負が決すると雅楽寮《ががくりよう》が音楽を奏でる。このように、打毬は勇壮な競技の側面だけではなく、競技前後の儀式も重視されていたようである。

こうした記録をみると、遅くとも一〇世紀の中頃には、打毬も儀礼的な要素を備えた宮廷の節会スポーツとして定着していたことがわかる。

平安初期から中期にかけて、騎馬打毬は五月の端午節会の余興として四衛府《しえふ》など宮廷の武士によって行われ、高度な武技を披露する場にもなっていた。騎乗した状態で片手で手綱を握り、もう片方で打具を操ることは、馬を乗りこなしながら片手で武具を扱う訓練になる。また、競技中に馬を寄せて敵をディフェンスする局面も出現した。騎馬打毬とは、武技の鍛錬を兼ねた難度の高いスポーツだったのである。

打毬の普及と衰退

打毬をプレーしたのは、宮廷に属する武士だけではなかった。『西宮記』には、康保二年（九六五）六月七日に子どもたちが「歩行」での打毬を行なったと記録されている。子どもたちは、馬に乗らないタイプの打毬を楽しんだようである。

平安中期に成立した『宇津保物語』には、五月五日の節句で源正頼《みなもとのまさより》邸にて騎射が行われた後、舎人《とねり》（天皇や貴族の側で警護をした下級官人）たちが打毬を楽しんだことが記されている。下級官人も、公的な場で打毬をプレーする場合があったのだろう。

ところが、一〇世紀末頃を境に打毬の記録が途絶える。地方武士団の台頭により宮廷の武士が衰退し、打毬の担い手が減少したことが一つの理由だという（岩岡「打毬」）。来たる中世の足音が、打毬という貴族社会のスポーツをかき消していった。その後、打毬が表舞台に登場するのは、一八世紀の徳川吉宗《とくがわよしむね》による武芸奨励策を待たなければならない。

庶民が好んだ毬杖

打毬は貴族のテリトリーで行われたが、この魅力あるスポーツは庶民にもかたちを変えて親しまれていた。馬には乗らずに徒歩でプレーする「毬杖《ぎっちょう》」である。二手に分かれた競技者たちが毬杖と呼ばれた打具を手に持ち、互いに毬を打ち合った。

毬杖は古代から近世初期まで、一般庶民、とくに子どもの間で継承されていく。近世に活躍した遊戯論の識者たちは、毬杖は打毬から派生した競技だと理解していた。喜多村信節《きたむらのぶよ》の「毬杖ぶりぶりの遊は、打毬より起る。」(『嬉遊笑覧』)、山東京伝《さんとうきょうでん》の「毬杖ハ元打毬の変風なるべし」(『骨董集』) といった説明がこれに当たる。ちなみに、文中の「ぶりぶり」とは、毬杖と同じく二手に分かれて毬を打ち合う遊戯を指す。彼らの説が正しければ、毬杖は貴族が愛した打毬を一般庶民用に改良したスポーツだと考えることができる。

古代の庶民が楽しんだ毬杖とは、どのようなスポーツだったのだろうか。識字率の低い古代の庶民が、自らがスポーツに入れあげた事実を文字で書き残す機会はほとんどなかったため、文字史料によって確認することは難しい。そこで、絵画史料の世界に手がかりを求めてみたい。

絵巻の中の毬杖

『年中行事絵巻』には、庶民の正月遊びとして毬杖が登場する（図19）。参加者の中には子どもと大人の姿が混在するが、子どものスポーツに大人が参入しているのか、その逆なのかは判然としない。誰しもが参加できる、庶民の社交的なスポーツだったのかもしれない。

絵巻には、人びとが一個の毬を打ち合う姿がいきいきと描写されている。中央の右側に向かって飛ぶ毬は尾を引くような線が描かれ、剛速球であることがうかがえる。左側のチームが飛ばした毬を、右側の競技者が打ち返そうとしている場面にみえる。

競技の形態として、向かってくる毬をダイレクトに打ち返したのか、いったん体の前で毬の勢いを静止させてから体勢を整えて打突していたのかは明確ではない。描かれた動作から想像を膨らませるなら、毬の近くにいる二人の競技者がバックスイングのように打具を振り上げているので、直接返球したのだろうか。

攻防の競技者が入り乱れる様子はなく、中央を境に二つのチームが向かい合う格好である。この絵にはゴールが描かれていないので、テニスや卓球などのように、打具を使って相手チームが返球し難いボールを敵陣に打ち込む競技だったと考えるのがしっくりくる。

打具の先端には、持ち手と直角に取りつけられた打突部位があり、毬を捉えやすい形状になっている。毬の材質は定かではないが、宮本常一はこれを「石」だと説明した（『絵

図19　毬杖をする人びと（『年中行事絵巻』巻16より）

巻物に見る日本庶民生活誌』）。ただし、これは木製だった可能性がある。岡山県の鹿田遺跡から発掘された平安時代末期の「毬杖球」は、「クヌギの枝」を削って作った球形の木製の物体だった。サイズは最大長四・八センチ、最大幅五・一センチ、最大厚四・六センチで、面取り加工が施されていたという（『岡山大学構内遺跡発掘調査報告　第二六冊　鹿田遺跡六』）。テニスボールよりも一回り小さくて硬い球形の物体をイメージすればよい。

一枚の絵から読み解ける情報に限界はあるが、平安末期の庶民が正月遊びとして楽しんだ毬杖とは、エキサイティングなスポーツだったのだろう。

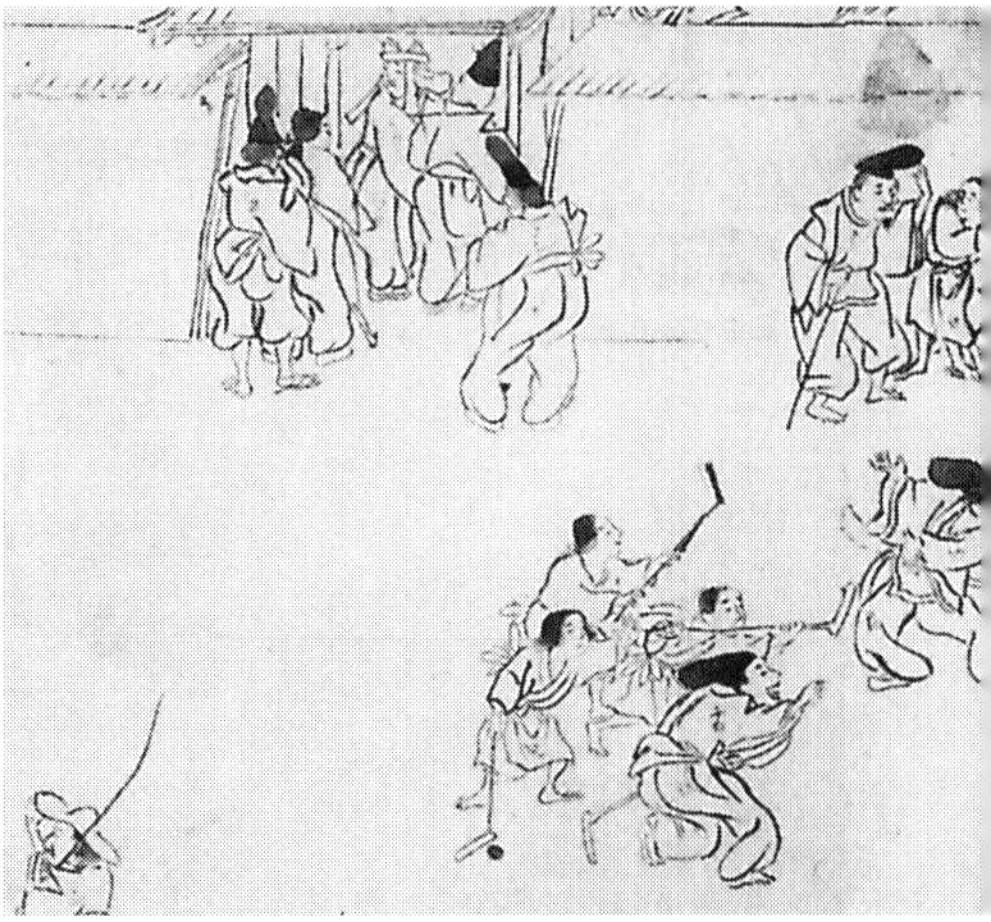

古代貴族のスポーツの特徴

これまでみてきたように、古代貴族のスポーツは外来文化に彩られていた。東アジア文化圏での活発な交流が、海を越えて多くの運動競技や遊戯の流入を招いたからである。

遠く中央アジアの世界から、シルクロードを経由して日本に到達したスポーツもある。鷹狩や打毬など身体を動かすスポーツ以外にも、囲碁や盤双六といったマインドスポーツも渡来した。シルクロードは、日本に最先端のスポーツ文化を運ぶ道でもあったのである。

しかし、貴族たちは外来スポーツをそっくりそのまま真似したわけではない。国家儀礼としての各種の節会スポーツにしろ、蹴鞠にしろ、貴族に相応しい礼節や作法が求められたところに、外来スポーツの日本的な改良の跡をみることができる。宮廷風のアレンジは、武士の台頭を見越した貴族側の戦略でもあったが、こうして優雅な空気感に包まれた日本独特のスポーツの世界が創り出されていく。

貴族たちは記録や勝敗に強いこだわりをみせ、そのことが賭博としての面白味を増幅させた。しかし、彼らのスポーツ観は優勝劣敗主義に支配されていたわけではない。例えば、蹴鞠をプレーした鞠足たちは、時に大記録の樹立を目指して鞠を蹴り続けたが、記録だけに固執する態度は下品だとさげすまれた。それよりも、貴族としての優雅な振る舞いや華麗な足さばきを披露できる者こそが高評価に値したのである。

次章以降で考察するように、中世の武士は貴族のスポーツを積極的に取り入れるようになるが、その多くは近世の庶民層にまで受け継がれる。したがって、日本の近代スポーツ隆盛以前のスポーツの基盤は、古代の貴族によって形成されたとみなすことができよう。しかも、その大半は外来スポーツだった。一九世紀の開国よりもはるか昔、古代の日本に広まったスポーツはすでに国際的な要素を持っていたのである。

「武」のスポーツの時代へ

中世武士の躍動

勇壮な武士のスポーツ

貴族文化への対抗

中世には、権力の座に就いた武士が運動競技の中心的な担い手になる。古代以来の宮廷の節会《せちえ》行事が衰退し、寺社祭礼の奉納芸として各種の武術が盛んに行われた時代である。

東国の武士は西の貴族文化に対抗し、戦闘の手段として武技の作法やルールを整え、騎《うま》射《ゆみ》競技の伝統を確立する。しかし、武士は「弓馬の道」に励むだけではなく、蹴鞠《けまり》のような貴族的なスポーツも積極的に継承した。

鎌倉時代になると、将軍をはじめ上層の武士が次々と蹴鞠の達人の門を叩く。彼らは、表面上の楽しみ方だけではなく、高度な技術も含めた蹴鞠の奥義まで追求したいと願った。中世の武士にとって、蹴鞠を通じて西の貴族文化に精通しておくことは、一種のステイタスだったからである。

農村を母体に出世した中世武士のスポーツは、根底に農村文化を宿しながら、尚武的な気風と公家社会の優雅さが重なり合って発展していった特徴を持つ（岸野「日本中世のレクリエーション」)。

騎射競技の伝統の確立

中世の武士は、戦いに備えて騎射競技に励んだが、その中心が馬上三物《ばじようみつもの》と称された流鏑馬《やぶさめ》、笠懸《かさがけ》、犬追物《いぬおうもの》である。

馬で駆けながら連続して弓を射る流鏑馬は、寺社の祭礼に欠かせない騎射競技として、中世武士の間で盛んに行われた。鎌倉幕府の歴史書『吾妻鏡』には、文治三年（一一八七）八月一五日に鶴岡八幡宮の放生会《ほうじようえ》の際に源頼朝《みなもとのよりとも》が流鏑馬を主催し、多くの武士が見物した記録がある。また、文治四年四月三日、鶴岡八幡宮の臨時祭でも流鏑馬が行われ、抜群の成績を残した者には褒美に一ヵ村が与えられたという。

笠懸は、流鏑馬と同じく馬上から的（笠）を射る競技である（図20)。ただし、流鏑馬が祭礼の奉納芸だったのに対して、笠懸は訓練の意味合いが強く、射手《いて》の装束も略式の平常着だった。

競技空間に放たれた犬をより少ない矢数で射る技量を競う犬追物も、武士に好まれた（図21)。『吾妻鏡』によれば、承久四年（一二二二）二月六日の犬追物は、北条義時《ほうじようよしとき》や足《あし》

(『男衾三郎絵巻』より，東京国立博物館所蔵)

図21　中世武士の犬追物（『月次風俗図屏風』より，同上所蔵）

図20　中世武士の笠懸

利義氏《かがよしうじ》などの上級武士が見物に訪れる中、犬は二〇匹、射手は四騎で行われたという。

競技の規模は次第に大きくなり、寛喜元年（一二二九）九月一七日は三〇匹、翌年二月一九日には六〇匹の犬が放たれている。さらに、建長二年（一二五〇）八月一八日に五代将軍藤《ふじ》原《わら》頼嗣《のよりつぐ》が上覧した犬追物は、合計で九一匹の犬が用いられた。犬追物は室町時代の応仁の乱を前に最盛期を迎え、この頃には三六騎の射手に対して、一五〇〇匹の犬を放つのが通例だったという（横井『的と胞衣』）。

中世の武士は、古代の節会行事の花形だった騎射競技を引き継ぎ、勇壮さと面白味を備えた実戦術として嗜《たしな》んだ。戦国時代には弓馬の技が専門分化し、一四世紀頃には弓術の小笠原流や武田流が、一四世紀後半から一五世紀初期には馬術の大坪流などの流派が発生する。

将軍たちの相撲見物

中世の武士にとって弓馬の技の習得は必須だったが、実際の合戦は弓矢の応酬では片がつかず、最後は馬を降りて接近戦となり、組み討ちになることもしばしばだったという。そのため、合戦で生き残るには、取っ組み合

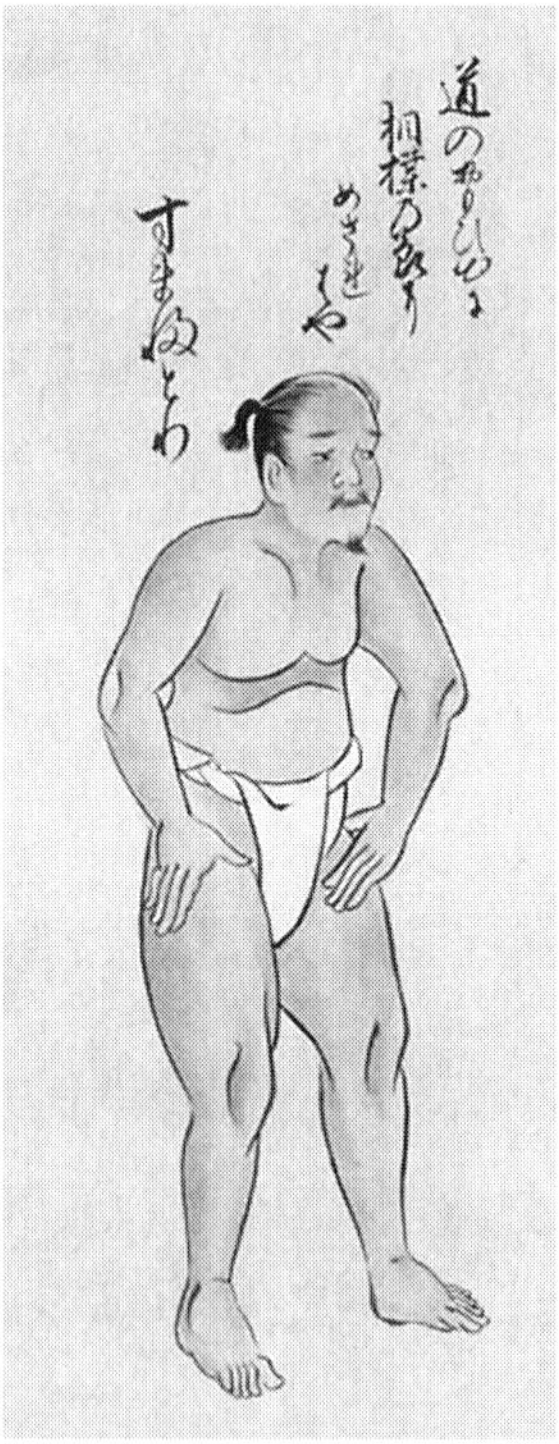

図22　職人としての相撲取
（模本『七十一番職人歌合』より，東京国立博物館所蔵）

いを制するための相撲《すもう》の習得が不可欠になる。こうして武家社会に相撲が定着し、鎌倉時代には弓馬とともに相撲の腕前が重視された。

源頼朝は、鶴岡八幡宮でたびたび相撲を観覧した。『吾妻鏡』によれば、文治五年七月一日に行われた放生会で相撲が取られ、建久三年（一一九二）の放生会でも、京都から一〇名の相撲人を招いて相撲が奉納されている。

頼朝以降も、幕府の権力者が相撲を観覧する風習は維持された。『吾妻鏡』の建長六年閏五月一日条には、六代将軍の宗尊親王《むねたかしんのう》の御所に執権の北条時頼《ほうじようときより》が多くの武士を従えて参入し、酒宴を催した記事がある。時頼は昨今では武芸が廃《すた》れていると歎き、急遽、その場で相撲の大会を開いたという。時頼が武士に必須の技芸の一つとして相撲を位置づけていたことがわかる。

将軍の相撲見物は、室町時代になっても続いた。六代将軍の足利義教《あしかがよしのり》は、永享元年（一四二九）に将軍に就いた際、守護大名の屋敷を次々と訪問するが、大名たちは屋敷で相撲をみせて将軍をもてなしている（新田『相撲の歴史』）。当時、京都の諸大名の間では、自邸に相撲取を呼んで見物を楽しむことが盛んに行われていた。鎌倉の将軍たちが求めた武技としての相撲は、室町時代に至って観覧を楽しむ娯楽へと変化したのである。

この頃には、権力者の前で相撲を取ったのは武士ではなく、相撲という技芸を売る職人としての相撲取だったと考えられている（図22、高埜『日本の伝統文化　四　相撲』）。専業の相撲取の登場は、相撲がプロスポーツとして発展するための基礎を築く現象だったといえよう。

相撲を愛した織田信長

相撲見物の魅力は戦国武将をも虜にした。織田信長《おだのぶなが》もその一人である。信長に仕えた太田牛一《おおたぎゅういち》が執筆した伝記『信長公記《しんちょうこうき》』には、信長の相撲見物を示す記事が頻繁に登場する。

その内容を一覧（表3）でみると、信長はしばしば相撲取を召し抱え、相撲見物を楽しんでいたことがわかる。信長のもとに集まった相撲取の数は、天正六年（一五七八）二月には三〇〇名、同年八月には何と一五〇〇名を数えた。この大規模な相撲大会は、信長のためだけではなく、時には客人を招いて相撲でもてなす社交の役割も果たしている。

織田信長以降も、豊臣秀吉《とよとみひでよし》、豊臣秀次《とよとみひでつぐ》、長曾我部《ちようそかべ》元親《もとちか》、毛利《もうり》秀包《ひでかね》が相撲を好み、相撲取を召し寄せて観覧したという（新田『相撲の歴史』）。相撲見物は、戦国武将たちの格別の娯楽だった。相撲取を召し抱えて武家屋敷で相撲見物を楽しむ風習は、専業の相撲取を育成する土壌を形成し、近世に引き継がれていく。

内　　　容
し寄せ，相撲見物
撲取を召し寄せ，相撲見物
取をはじめ1500名の相撲取を召し寄せ，相撲見物
将信忠・北畠信雄卿とともに相撲見物
取を召し寄せ，摂家・精華らとともに相撲見物
し寄せ，相撲見物
し寄せ，相撲見物
見物
し寄せ，御馬廻衆とともに相撲見物
し寄せ，相撲見物

勧進相撲興行の萌芽

中世には、観客から見物料を取って流行の芸能を披露する勧進《かんじん》興行が盛んになる。勧進興行を取り仕切ったのは、勧進聖《かんじんひじり》と呼ばれる遊行僧《ゆぎようそう》だった。

「勧進」とは、寺社の建立や修復のための募金活動を意味する。東大寺の再建のような公共事業も、その資金調達は勧進聖の手で行われた。しかし、勧進聖が自ら各地を歴訪して寄付を募

表３　『信長公記』にみる織田信長の相撲見物

実施年月日	場所	
元亀元年(1570) 3月3日	常楽寺	近江国中の相撲取を召
天正6年(1578) 2月29日	安土城	近江国中から300名の相
天正6年(1578) 8月15日	安土城	近江国中と京都の相撲
天正6年(1578) 9月9日	安土城	相撲取を召し寄せ，中
天正6年(1578)10月5日	京都二条	五畿内・近江国の相撲
天正7年(1579) 7月6日	安土城	相撲の興行を開催
天正7年(1579) 7月7日	安土城	相撲の興行を開催
天正7年(1579) 8月6日	安土城	近江国中の相撲取を召
天正7年(1579) 8月7日	安土城	近江国中の相撲取を召
天正8年(1580) 5月5日	安土城	御一門衆とともに相撲
天正8年(1580) 5月17日	安土城	近江国中の相撲取を召
天正8年(1580) 6月24日	安土城	近江国中の相撲取を召
天正9年(1581) 4月21日	安土城	相撲の興行を開催

（出典）　太田牛一『信長公記』より．

る方法は効率が悪い。そこで、勧進聖は自分が請け負う寺社の資金調達を専業の芸能者に下請けさせて芸能興行を開催し、そこに集う大勢の観客から見物料を徴収して、一挙に目標額を手にするように企てたのである（守屋『近世芸能興行史の研究』）。

寺社祭礼で盛んだった相撲も、勧進聖が仕掛ける芸能興行に取り込まれ、専業の相撲取が競い合うようになる。後に、近世の大都市圏で発展する勧進相撲興行の萌芽である。相撲を観覧して楽しむというスタイルは権力者によって確立されていたが、そこに興行としての価値を見出し、スポーツビジネスとして発展させた仕掛け人は、中世の勧進聖だったといえよう。

中世の相撲は武士に必須の技芸として盛んになった経緯がある。しかし、金銭と引き換えに相撲を披露する勧進興行では、戦場での殺傷力よりも観客に「みせる」技量が要求された。こうして、見物料を払うに相応しい技量を備えた相撲取が生まれる土壌が築かれていく。

中世の勧進相撲が文献に登場するのは一五世紀頃からである。伏見宮貞成親王《ふしみのみやさだふさしんのう》の『看聞日記《かんもんにっき》』によれば、応永二六年（一四一九）一〇月、京都郊外の山城国伏見郷で法安寺造営のための勧進相撲が開かれ、一〇〇〇人もの群集が押し寄せたという。また、この頃は勧進相撲が諸方で行われるようになったと記され、当時、勧進相撲が普及しつつあったことがうかがえる。

中世は仏教信仰が庶民層まで深く根を下ろした時代である。勧進興行は人びとに仏との結縁《けちえん》を促して喜捨《きしゃ》を請うことで成立したので、中世にはじまる勧進相撲の定着は、人びとが仏教信仰を受け入れ、見物料を支払って勧進相撲を楽しめるだけの経済力を持ちつつあった世情を映し出している。

このように、中世末期の時点で、武家屋敷で娯楽として催された相撲と、寺社で行われた勧進相撲興行の二つの系統が存在し、それらが近世に引き継がれて爆発的な相撲人気を呼び起こしていくのである。

洗練される貴族の蹴鞠

蹴鞠を愛した上級貴族

武家政権の時代に入っても、貴族たちは蹴鞠を愛し続けた。とくに、中世以降の蹴鞠の発展に大きく寄与した人物が後鳥羽上皇《ごとばじょうこう》である。

多芸多才で知られる後鳥羽上皇は、卓越した蹴鞠の腕前を誇った。『後鳥羽院宸記』によると、上皇は建保二年（一二一四）の四月一日、三日、五日、六日、七日、九日、一一日、一三日、一四日、一五日、一六日、一七日、一八日、二一日、二六日、三〇日に蹴鞠をしたと記されている。一ヵ月で一六日間というハイペースである。後鳥羽上皇が、蹴鞠に対して並々ならぬ情熱を注いでいたことがわかる。

この六年前、承元二年（一二〇八）に後鳥羽上皇の主催で盛大な蹴鞠の会が開かれ、蹴鞠の実力者たちが集められた。上、中、下の三チームが編成され、「上」に振り分けられた鞠足《まりあし》は、後鳥羽上皇、坊門忠信《ぼうもんただのぶ》、源有雅《みなもとのありまさ》、難波宗長《なんばむねなが》、飛鳥井雅経《あすかいまさつね》、紀行景《きのゆきかげ》、山柄法師《やまがらほうし》、寧王丸《ねいおうまる》の八名だったと『承元御鞠記』は伝えている。後鳥羽上皇とプレーした七名は、いずれも上皇の側近で当代きっての蹴鞠の達人だった。この会は後に「長者の御鞠会」と呼ばれ、蹴鞠道が確立していくきっかけにもなる。

その後も、上級貴族たちは蹴鞠を好んだ。遊び好きで知られる花園天皇《はなぞのてんのう》は、自分で蹴鞠をすることは敬遠したものの、蹴鞠に賭物《のりもの》を提供して観覧を楽しんだという（増川『日本遊戯史』）。また、室町時代後期の公家、三条西実隆《さんじょうにしさねたか》の日記『実隆公記』によると、文明一三年（一四八二）には公家による天覧の蹴鞠の会が頻繁に開かれていたことがわかる。

中世には武士も蹴鞠をするようになるが、蹴鞠文化の主導権を握っていたのは貴族だった。そのことを象徴する出来事が、芸道としての蹴鞠道の誕生である。

家元の誕生

一一世紀末以降、貴族社会では芸能の世襲化がはじまり、諸芸の「家元《いえもと》」が生まれた。西山松之助は、家元制度を「伝統芸能諸流派において、その代表的人物がそれぞれみずから家元を称し、その家元を中心の核として組織構成されている社会」（『家元の研究』）と説明する。この時期、芸能の伝承を職能とする組織が制度化し、流派を形成していったのである。諸芸の家元は、芸の極意を継承する拠点であるとともに、無駄なく確実に、かつ速やかに芸が上達する道を定め、門下生を導いていく存在だった（西山「近世芸道思想の特質とその展開」）。

蹴鞠については、承元二年に後鳥羽上皇を道の長者とする「蹴鞠道」が成立し、難波《なんば》、飛鳥井《あすかい》、御子左《みこひだり》という家元の三家が生まれた。この出来事は、蹴鞠が公家の遊びから、格調高い芸能の世界へと昇華したことを意味する。上級貴族たちに愛された蹴鞠は、芸能の仲間入りを果たすことで揺るぎない地位を確立したのである。

蹴鞠の家元は公家の流れを汲んでいたので、そこには優雅な世界観が広がっていた。芸能としての蹴鞠は、鞠《まり》の上がった回数だけを問題にするのではなく、精神文化の側面も強調されたが、家元は蹴鞠が上達するための合理的な方法論も提供している。一三世紀から一四世紀にかけては、流派の教えを説いた蹴鞠書も成立した。蹴鞠の極意を文字に起こし、後世の門下生に向けて客観的に伝承可能な理論体系が示されたのである。

蹴鞠と記録

家元の成立は、蹴鞠の技術や作法がより明確に定められるきっかけとなった。庶民が自由気ままに蹴鞠の真似事をするならともかく、貴族や武士が公の場で蹴鞠をする時には、流派の決まり事に則って正当な蹴鞠を披露する必要があったといえよう。

このことは、蹴鞠というスポーツの中で「記録」の持つ意味を変えていったと考えられ

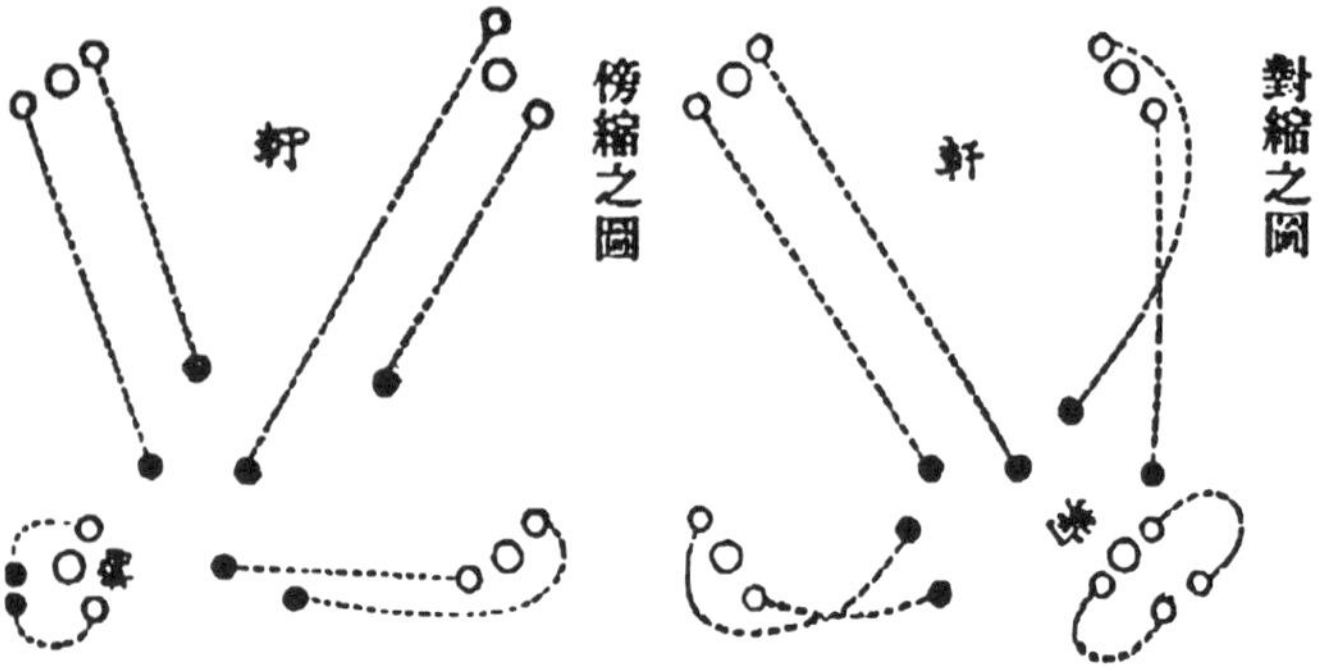

図23　鞠足のフォーメーション（『蹴鞠百五十箇條』より）

る。流派の違いこそあれ、同様の条件設定の下で打ち出される記録は、公認に値するだけの説得力を持っているからである。

華麗なるチームプレー

蹴鞠の基本的な競技空間は四本の懸《かかり》の木を結んだ内側だったが、そこから鞠が飛び出せば、場外まで追いかけて蹴り上げるエキサイティングな場面も生じる。中世には、こうした不測の事態に対応する動き方も用意されていた。ミスキックや、鞠が懸の木に触れて思わぬ落ち方をした場合を想定した仲間内のフォーメーションである。これを「縮開《つめびらき》」と呼んだ。

戦国末期から近世初期の飛鳥井流の蹴鞠書とされる『蹴鞠百五十箇條』には、鞠足のフォーメーションとして「対縮《むかいづめ》」と「傍縮《そばづめ》」のパターンが図式化されている（図23）。図中の白丸は鞠足の元の立ち位置、黒丸は鞠足の移動先の位置、丸印を結ぶ線は鞠足が動く軌道である。八名の鞠足がボールを効率良く蹴り繋ぐために、どのように位置取りを変えてフォローすべきかが示されている。それぞれがスペースを埋めるように連動して、好記録を出すための周到なチームプレーがあったことがうかがえよう。

中世の蹴鞠には掛け声もあった。仲間内の意思疎通がなければ、鞠を蹴る準備が整わずにミスキックが発生したり、鞠が鞠足の間に落ちる〝お見合い〟も起こってしまう。一人が連続して鞠を扱うのは三回のキックである。中世の蹴鞠では、ボールを受け取る時（一回目のキック）は「オウ」、自分で鞠を蹴り上げる時（二回目のキック）は「アリ」、次の鞠足に送球する時（三回目のキック）は「ヤ」と声を掛けた（渡辺「公家鞠の成立」）。鞠足たちは、声の連携によってミスを減らそうとしたのである。

中世に進行した蹴鞠の様式化は、芸能としての蹴鞠文化を後世に継承しやすくしただけではなく、蹴鞠の技術や戦術を成熟させることにも繋がったといえよう。

武士の嗜みとしての蹴鞠

政権が武士へ移ると、貴族が愛した蹴鞠は武家の心を射止め、さらなる発展の時代を迎える。武士にとって、戦闘に備えて各種の武術に長けていることはもちろん、当時日本で最先端だった京風の文化に精通していることは、一種のステイタスでもあった。

蹴鞠に熱中する将軍たち

鎌倉時代には歴代の将軍が蹴鞠に興じるようになるが、その早い例が『吾妻鏡』にみられる。建仁元年（一二〇一）七月六日、蹴鞠の愛好家だった二代将軍の源《みなもとの》頼家《よりいえ》は、蹴鞠の奥義を熟知するために、京都から熟練の鞠足を派遣してほしいと後鳥羽上皇に依頼し、ほどなくして承諾された。九月七日、後鳥羽上皇の命を受けて紀行景という蹴鞠の達人が鎌倉に下り、九月九日には頼家から盃と銀の剣を与えられている。鎌倉幕府と朝廷が、蹴鞠というスポーツを通じて交流を図っていたことを示す興味深い事例である。

それからというもの、頼家の蹴鞠三昧の日々がはじまった。頼家は政務をほったらかして、連日のように蹴鞠の稽古に専念する。猛特訓の甲斐あってか、同年一〇月二一日には頼家が参加した蹴鞠の会で九五〇回という大記録が打ち立てられた。建仁二年正月二九日には、重臣の喪に服すべき日に蹴鞠をしようとした頼家に対し、母の北条政子《ほうじょうまさこ》がストップをかけたほどである。

源頼家は二三歳で若くして亡くなるが、その蹴鞠への愛着は執権政治に移行してからも受け継がれた。『吾妻鏡』は、頼家の死から半世紀近く経った宝治二年（一二四八）一一月一三日、五代執権の北条時頼が蹴鞠の家元の難波家に入門したと伝えている。

室町時代にも、将軍には蹴鞠の愛好家が名を連ねていた。とくに、足利義満《あしかがよしみつ》や足利義政《あしかがよしまさ》が蹴鞠を盛んに行ったことも影響して、蹴鞠は武家の嗜みとして定着する。

こうして、歴代の将軍や執権を味方につけたことが、蹴鞠の地位を確固たるものへと押し上げる。権力者が次々と蹴鞠の家元に入門したことで、武家の蹴鞠人口は拡大し、家元制度に基づく蹴鞠道が発展していった。

社交としての蹴鞠

蹴鞠道に邁進したのは、政治の表舞台で活躍した上級の武士だけではない。彼らの文化生活を追いかけるように、地方の武家社会にも蹴鞠が急速に浸透した。戦国武将の中にも蹴鞠の熟練者が登場し、今川義元《いまがわよしもと》、大友宗麟《おおともそうりん》、織田信秀《おだのぶひで》、島津忠恒《しまづただつね》などは蹴鞠に入れ上げたという（池『日本の蹴鞠』）。『信長公記』によると、蹴鞠の名手だった今川氏真《いまがわうじざね》が天正三年（一五七五）三月一六日に織田信長のもとを訪れている。氏真の蹴鞠好きを知っていた信長は、同二〇日に氏真を交えた蹴鞠の会を開き、自らは見物したという。この当時、蹴鞠が有力な武将同士を繋ぐ社交の手段になっていたことがわかる。

　蹴鞠という貴族文化が、中世を通じて武士に愛好されたのには理由があった。応仁の乱以降に台頭した新興の在地勢力は、従来の勢力に分け入ろうと、公家に接近して古代王朝的な権威を復興する風潮を巻き起こした。伝統的な公家文化は、この上昇気流に乗って帆を高く上げていく（西山『家元の研究』）。こうした時代の潮流も影響して、武家の貴族文化への憧憬は衰えず、蹴鞠も中世末期まで生き永らえることになったといえよう。

　実際、中世末期の戦国武将やその家臣たちは、私邸で蹴鞠を楽しむだけでは飽き足らず、家元の飛鳥井家をたびたび招聘して盛んに交流を持っている（芳賀『東山文化の研究』）。

蹴鞠のトレーニング法

芸道としての蹴鞠は、ただ鞠を上手に蹴り繋げばよいのではなく、キックの技術にも理想形があり、そのためのトレーニング法も確立されていた。

蹴鞠の家元は、流派の極意をまとめた門外不出の蹴鞠書の中に、蹴鞠のいろはを余すところなく書き残している。飛鳥井流の家元、飛鳥井雅有《あすかいまさあり》が正応四年（一二九一）頃に記した『内外三時抄』から、蹴鞠のトレーニング法の一部を取り上げてみよう。

蹴鞠の上達に欠かせない基本技術は、頭上一丈五尺（四・五メートル）ほどの高さに鞠を垂直に蹴り上げるキック動作である。『内外三時抄』には、キックの技術を習得するための「桶鞠《おけまり》」というトレーニング法が紹介されている。

逆さまにした桶を頭上に吊るし、その真下の地面に桶の直径と等しい円を描く。鞠足は、その円の内側に立って桶に入るように鞠を蹴り上げる。飛鳥井雅有の実体験では、最初は一球ずつ手で鞠を足元に落として蹴り上げる方法で行い、一〇〇日間の練習を継続したところ、一〇〇回のうち九〇回以上も桶に入るようになったという。

この段階をクリアすると、今度は上から落ちてくる鞠を直接蹴り上げる動作を繰り返す練習に移行する。ただし、雅有は、桶に鞠を入れることだけに集中するとフォームを崩す恐れがあると注意を促すことも忘れていない。

一五世紀末頃に飛鳥井雅康《あすかいまさやす》が書いた『晩学抄』にも、数々の練習法が掲載されている。素振りのフォームチェック、上から鞠を釣って正しく蹴る練習、壁当て、屋内でのリフティング、懸りの木を使った練習、通常より高く鞠を蹴る練習など、技術習得法の解説が並ぶ。

このように、飛鳥井流の家元は、合理的なスポーツ指導者の顔を持っていた。日本では

図24　鞠括（模本『七十一番職人歌合』より，東京国立博物館所蔵）

中世の昔に、今日に通じるようなスポーツトレーニングの方法論が編み出されていたのである。

蹴鞠用具職人の活躍

中世には、手工業を担う職人が社会的に認知され、定着していった。古代以来の政治拠点だった都市が発展し、さらに全国各地に地方都市が成立すると、人びとの消費生活の膨張によって手工業生産への需要は著しく増大していった。こうした時代の波に乗って、一五世紀には蹴鞠の鞠を作る「鞠括《まりくくり》」が専業の職人として独立する（遠藤『日本職人史の研究 I』）。

図24は、一六世紀初めに成立した『七十一番職人歌合』に描かれた「鞠括」である。同書にこうした業態が紹介されたことは、鞠括が一六世紀初め頃には「職人」として認められるだけの存在感を示していた証拠にもなろう。需要がなければ供給者としての職人は成立しないので、彼らの存在は、蹴鞠が中世社会に定着していた事実を物語っている。中世末期には、蹴鞠用具の製造を請け負う専門業者が根を張っていたのである。

蹴鞠用具職人たちの存在は、中世の武士による蹴鞠文化の意欲的な摂取を実現し、蹴鞠が家元制度に基づく芸能として洗練されていくために大きく貢献したといえよう。

中世庶民が好んだスポーツ

中世には、庶民も身体を使った競技や遊戯に熱中していた。横井清は、中世庶民の遊戯の特徴は「力わざの分化と盛行」だと説明する（『中世民衆の生活文化』）。武力で政権を掌握した武士の影響は、庶民のスポーツライフにも及んでいたのである。

力わざの発達

平安時代後期から鎌倉時代にかけて描かれた『鳥獣戯画』には、人間や擬人化された動物が遊ぶ様子が描かれている。全四巻のうち、一三世紀の鎌倉時代初期の作とされる後半部分には、囲碁、双六《すごろく》、将棋、耳引き、首引き、目くらべ（にらめっこ）、腰引き、闘鶏《とりあわせ》、闘犬、田楽踊《でんがくおど》り、毬杖《ぎっちょう》、印地打《いんじうち》（石合戦）などで遊ぶ姿があり、興味を引かれる（図25・26）。

図25　首引きをする人びと（『鳥獣戯画』丙巻より，高山寺所蔵）

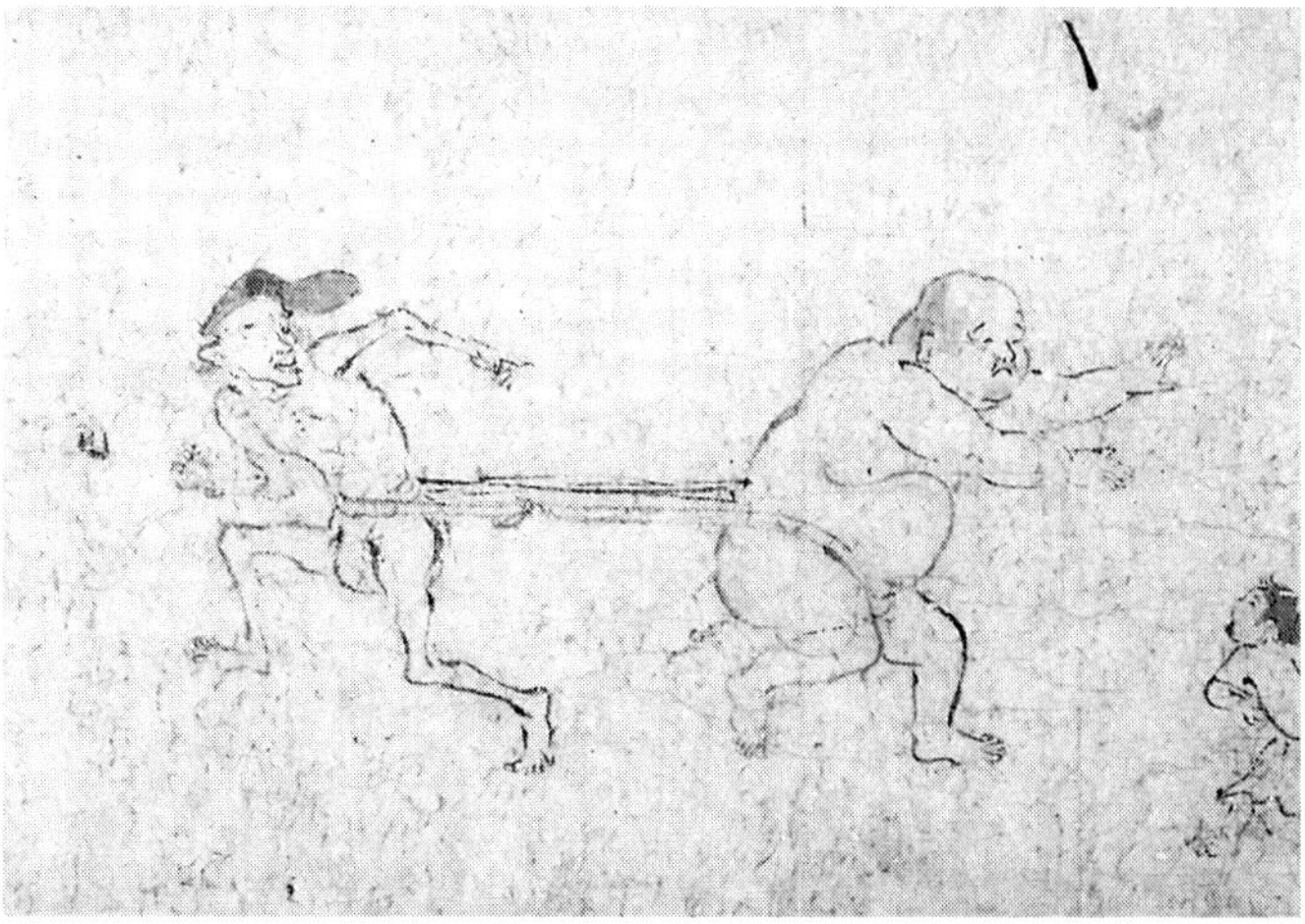

図26　腰引きをする人びと（同上より，同上所蔵）

このうち、田楽は稲作に関わる行事や祭礼から生まれた歌舞を指す。次第に芸能の色彩を強め、田楽を演じる田楽法師という職人も生まれ、後に能楽の成立に影響を与えた。一四世紀以降には、文字で書き残された庶民の遊びも現れてくる。その好例が、一四世紀中頃に編纂された『異制庭訓往来』である。

同書には、この時代を象徴する力わざとして、相撲、早態《はやわざ》（早足）、力持（重量挙げ）、水練、飛越、早走、石子（石投げ）、礫打《つぶてうち》（石合戦）、竹馬馳《たけうまはしり》、頸引（首引）、膝挟、指引、腕推（腕相撲）、指抓などが列挙されている。相撲、重量挙げ、首引、腕相撲など単純な力の比べ合い以外にも、今日の陸上や水泳に類する運動競技、さらには石投げや竹馬などの遊戯も好まれたようである。中世日本の庶民生活には、いきいきとしたスポーツの世界が広がっていたことがイメージできる。

『異制庭訓往来』には、身体を動かすもの以外にも、双六などの盤上遊戯が登場する。古代に貴族社会で普及したマインドスポーツは、中世になると庶民にも下りてきたと考えられよう。

ボールゲームの伝統

次に、今日のボールゲームに類する遊戯をみてみよう。『異制庭訓往来』には、「蹴鞠」「手鞠」「鞠打」（毬杖）が紹介されている。このうち、手鞠は女児の遊戯として中世社会に定着したが、もとの担い手は成人男性だった。『吾妻鏡』には、貞応二年（一二二三）正月二日に御所で手鞠の会が開かれ、北条義時や三浦義村《みうらよしむら》らが参加したとある。当時の手鞠は手で鞠を高く上げ、地面に落とさないように受け止める遊びで、蹴鞠から派生したといわれている（広島県立歴史博物館編『遊・戯・宴』）。古代に大陸から伝来した蹴鞠は、より簡単に楽しめる競技形態へと変容したのである。

古代より庶民の間で親しまれてきた毬杖は、中世に至っても健在だった。鎌倉時代初期の『鳥獣戯画』には、打具を手に持つ人びとが毬杖をする姿が描かれている（図27）。大人の男性、僧侶、子どもが混在し、さまざまな層が寄り集まって楽しむ様子がうかがえる。一三世紀後半の作とされる『西行物語絵巻』にも、路上を競技空間として子どもたちが毬杖をプレーする姿がある。

室町時代の「打毬図」には、二手に分かれた大人の男性たちが、向かい合って毬を打ち合う競技風景がダイナミックに描かれている（図28）。競技者のすぐ側で女性や子どもが観戦している。四人とも打具を手にしているので、すでに競技を終えたか、出番待ちの状態だろうか。よくみると、観戦中の女性陣は、男性陣とは異なるハンマー状の打具を持っている。想像の域を出ないが、毬杖には女性や子どもがプレーしやすい別の競技形態が存在した可能性もあろう。

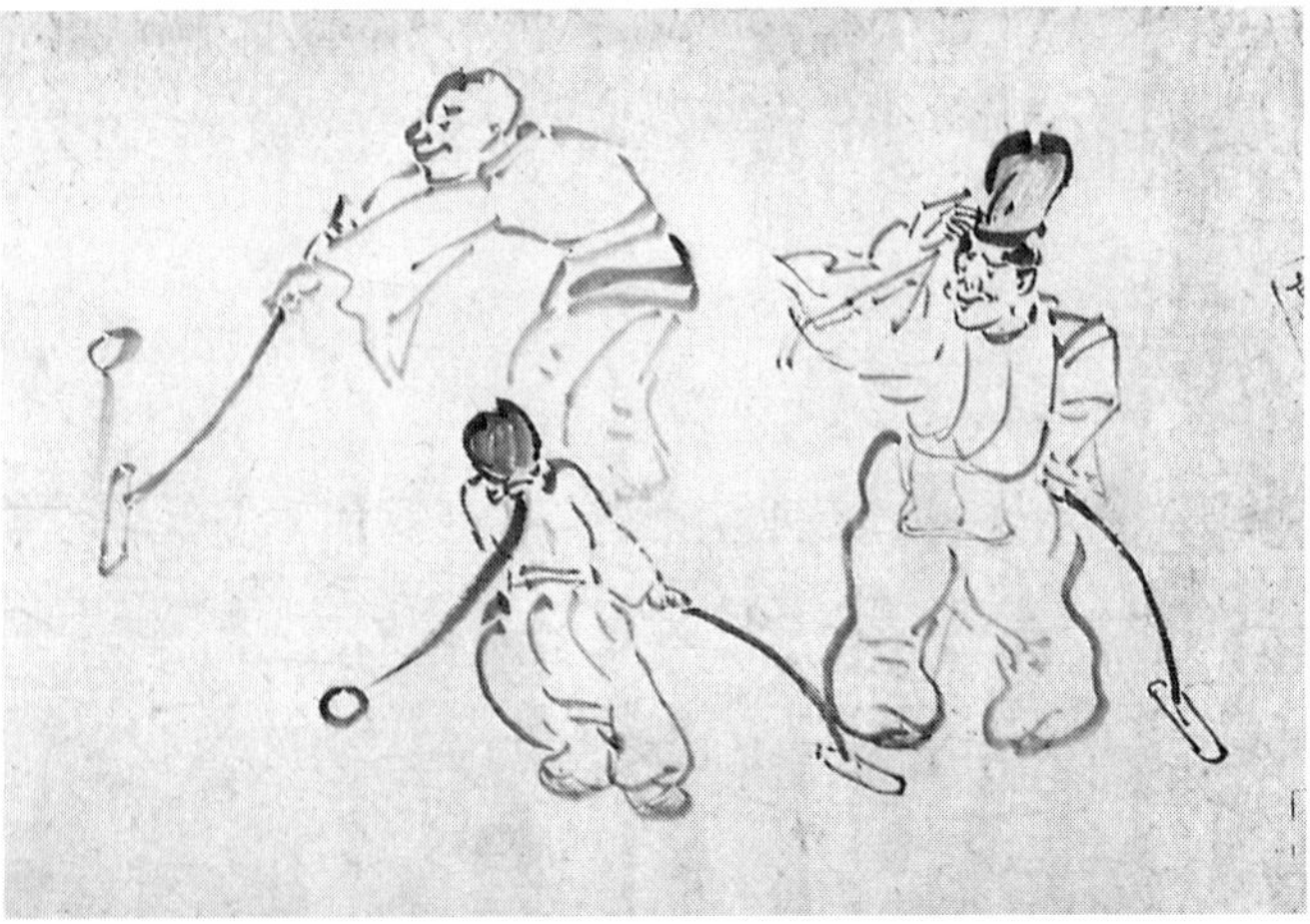

図27　毬杖をする人びと（『鳥獣戯画』丁巻より，高山寺所蔵）

図28　毬杖の競技風景（「打毬図」，東京国立博物館所蔵）

室町時代に描かれた『月次風俗図屛風』には、人びとが正月遊びに興じる姿がある（図29）。中央には羽根つき、右側には毬杖を楽しむ人びとがいるが、下側にも毬杖に似た遊戯が登場する。紐の先端に紡錘形の物体を取りつけて、二手に分かれて毬を打ち合う「ぶりぶり」である。ぶりぶりは毬杖から派生した競技で、近世の子どもたちの間で正月遊びとして流行するが、室町時代には両者が併存していたことがわかる。

羽根つきの登場

正月遊びとして有名な羽根つきは、中世から明確に姿を現す。羽根つきの存在を示す日本最古の文献は『看聞日記』である。永享四年（一四三二）正月五日に、宮廷の公卿や女官を男女でチーム分けして「こきの子勝負」（羽根つき）を行い、男性陣が勝ったという。同じく永享六年正月一九日の記事にも、男女が入り混じって羽根つきで競ったとあるので、宮廷では人気の正月遊びだったと考えられる。

一方、中世庶民の間でも、羽根つきは男児、女児、それに大人たちが混じって行う正月の景物になっていた（横井『中世民衆の生活文化』）。

中世の羽根つきは、純粋な遊びというよりも、子どもが病気にならないための厄除《やくよ》けの行事だった。一六世紀中頃の歳時風俗を記す『世諺問答《せげんもんどう》』には、正月に二人で向かい合って羽根つきをする子どもが描かれている（図30）。同書によると、木蓮子《いたび》の実に羽根を刺して蜻蛉《とんぼ》をイメージした用具を作り、羽子板で打ち合ったという。蜻蛉は子どもに病気を

図29　正月遊びに興じる人びと（『月次風俗図屛風』より，東京国立博物館所蔵）

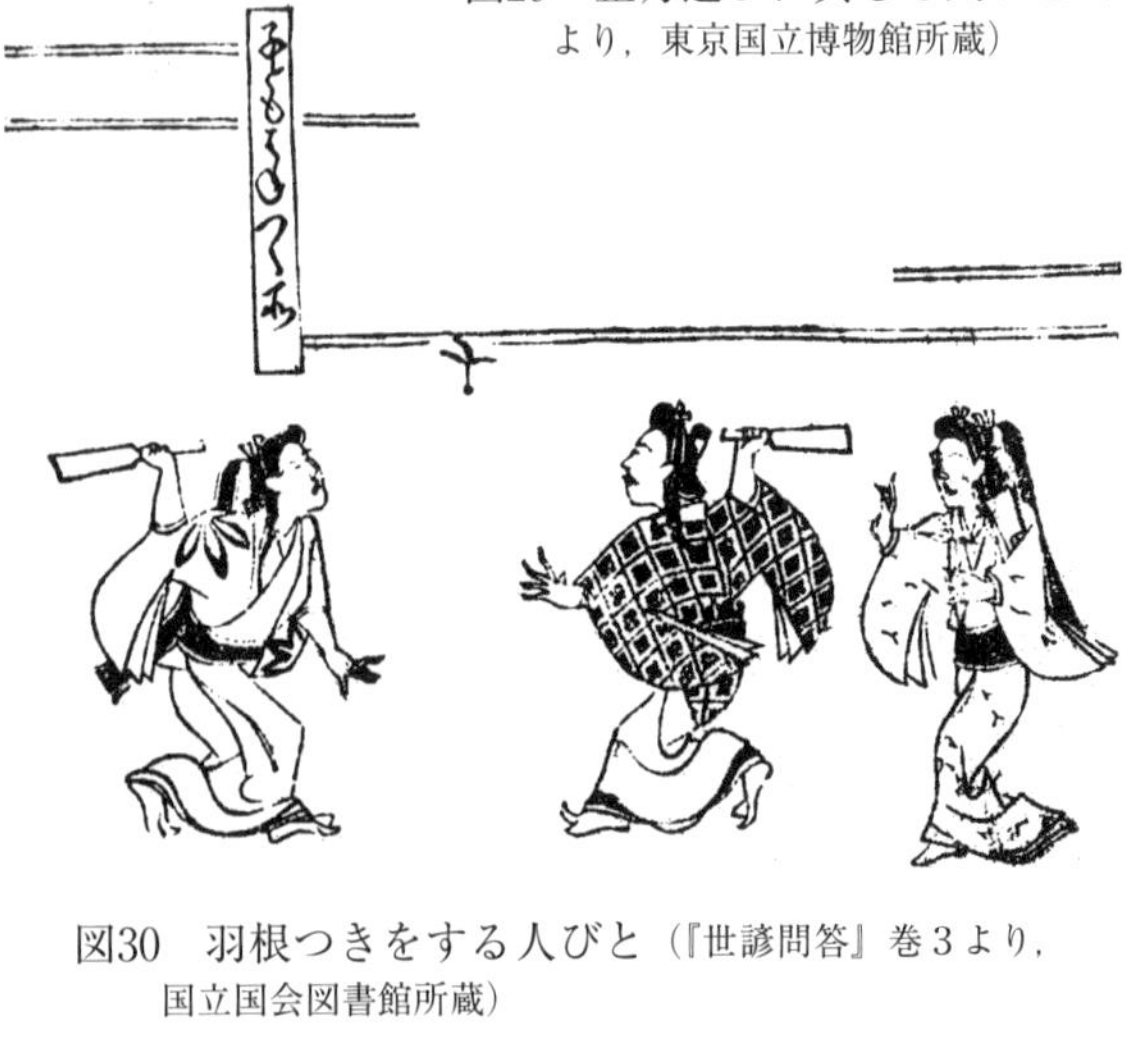

図30　羽根つきをする人びと（『世諺問答』巻3より，国立国会図書館所蔵）

もたらす蚊を食う存在なので、これをモチーフにした呪物が用具になったのである（『日本風俗史事典』）。

『世諺問答』のほかにも、中世後期の絵画史料には人びとが正月に羽根つきをする様子が散見される。図29の『月次風俗図屏風』には、男女が入り混じって羽根を打ち合う姿が描かれている。

このように、文献にせよ、絵画にせよ、羽根つきは基本的に正月限定で登場する。羽根つきは、新年の到来を告げる季節限定の厄除けの意味を含んだ遊戯だったのだろう。

仏教とスポーツ

中世は鎌倉新仏教が台頭し、急速に教線を延ばした時代である。古代の仏教は貴族の権力下で鎮護国家を祈る役割を果たしたが、中世に興った新仏教は庶民の世界に深く分け入っていく。鎌倉時代を通じて、仏教の複雑で多様な教義をかみ砕き、庶民への布教と結びつける努力が払われた結果、今日に通じる仏教宗派の基礎が築かれた。

一遍の踊り念仏

時宗の開祖一遍《いっぺん》は、鎌倉時代中期に全国を遊行して回り、多くの苦難と生きる人びとに「踊《おど》り念仏」を通じて仏の教えを説いた。踊り念仏は、「南無阿弥陀仏《なむあみだぶつ》」を唱えれば極楽浄土への道が約束されるという念仏信仰と、集団で踊る芸能が結びついたものである。

踊り念仏のルーツは、平安時代中期の空也《くうや》に求められるが、空也もまた、庶民に仏教を熱心に説いて回った遊行僧である。空也は、在来の怨霊鎮魂の祭りを念仏と結合させ、激しく乱舞する所作を形成したという（五来『踊り念仏』）。空也の流れを汲む一遍の踊り念仏は、もとを辿れば伝統的な習俗の仏教化にはじまったといえよう。

図31　一遍の踊り念仏（『一遍聖絵』巻6より，清浄光寺所蔵）

一遍を一躍有名にしたのが、弘安五年（一二八二）に片瀬の浜（神奈川県藤沢市）の地蔵堂で数ヵ月間にわたって行われた踊り念仏である。その様子は『一遍聖絵』に描かれている（図31）。地蔵堂前に設けられた舞台で僧侶たちが念仏を唱えながら躍動する姿があり、周囲はそれを拝顔する人びとで賑わう。

松尾恒一は、日本の舞踊の表現には「舞い」（旋回運動）と「踊り」（飛び跳ねる）の二系統があるとし、日本の芸能の中に「踊り」の系統が明確に現れてくるのが一遍の踊り念仏だったと指摘する（『日本の民俗宗教』）。また、五来重は、踊り念仏には日本の庶民信仰の本質が内在し、歌舞伎や盆踊りをはじめ日本に伝わる芸能の多くが踊り念仏を母体に生まれたと主張した（『踊り念仏』）。だとすれば、日本人の運動文化や身体表現を語るうえで、一遍が踊り念仏を普及させたことの意義はきわめて大きい。

その後も、一遍は各地で踊り念仏を披露して人びとを熱狂の渦に巻き込む。一遍の遊行を支えたのが中世交通の発達だった。一遍の時代には、すでに寺社門前や宿場、険しい峠道には草鞋《わらじ》を売る店があったため、旅人は草鞋を履き替えながら徒歩の旅を続けることができたという（黒田『絵画史料で歴史を読む』）。踊り念仏の普及は、徒歩旅行を支える交通インフラの整備と不可分の関係にあったのである。

講集団の成立

一遍に限らず、中世の高僧たちは庶民の目線に立って仏教を広める努力を怠らなかった。浄土真宗の中興の祖である蓮如《れんにょ》は、真宗の教えを平易に説いた手紙（御文《おふみ》）によって社会のあらゆる階層の信仰を集め、「講《こう》」と呼ばれる門徒衆の寄り合いを各地の村落で組織する。講とは、元来は仏教的な集団を指したが、中世末期には何かしらの共通目的を持った集団へと意味を拡大させていった（桜井『講集団の研究』）。

慶長八年（一六〇三）、イエズス会宣教師らによって日本語をポルトガル語で解説する

『日葡辞書《にっぽじしょ》』が編纂された。中世末期の日本事情を西洋人の視点で知ることのできる史料である。

『日葡辞書』で「講」を引くと、「……何か物事を習うための集会なら、何の集会でもこれを講という。……例、Maricô（鞠講）蹴鞠の遊びを習うための集会。」（日本語訳）と説明されている。中世末期には、「蹴鞠の遊び」の手ほどきを受ける「鞠講」という集会が存在したようである。中世の庶民も、蹴鞠を習う機会があったのだろうか。それとも、「鞠講」とは、武士が蹴鞠の達人に教えを乞うことを意味したのだろうか。

同じ頃、日本の蹴鞠の存在を書き留めた外国人がいた。イエズス会宣教師のフロイスは、天正一三年（一五八五）にまとめられた『日欧文化比較』の中で、「われわれの間では球戯は手でする。日本人は足をつかって遊ぶ。」と記す。フロイスの眼差しは、当時の日本に存在した「足」を使う球戯、つまり蹴鞠を捉えていた。ただし、フロイスがみた蹴鞠が、『日葡辞書』で例示されたような「鞠講」の形式だったのかどうかは定かではない。

『日葡辞書』の記述は、戦国末期の日本に現代のスポーツクラブに類する集団が存在したことを想起させる。それを裏づける日本側の史料は見当たらないが、興味の尽きない話題である。

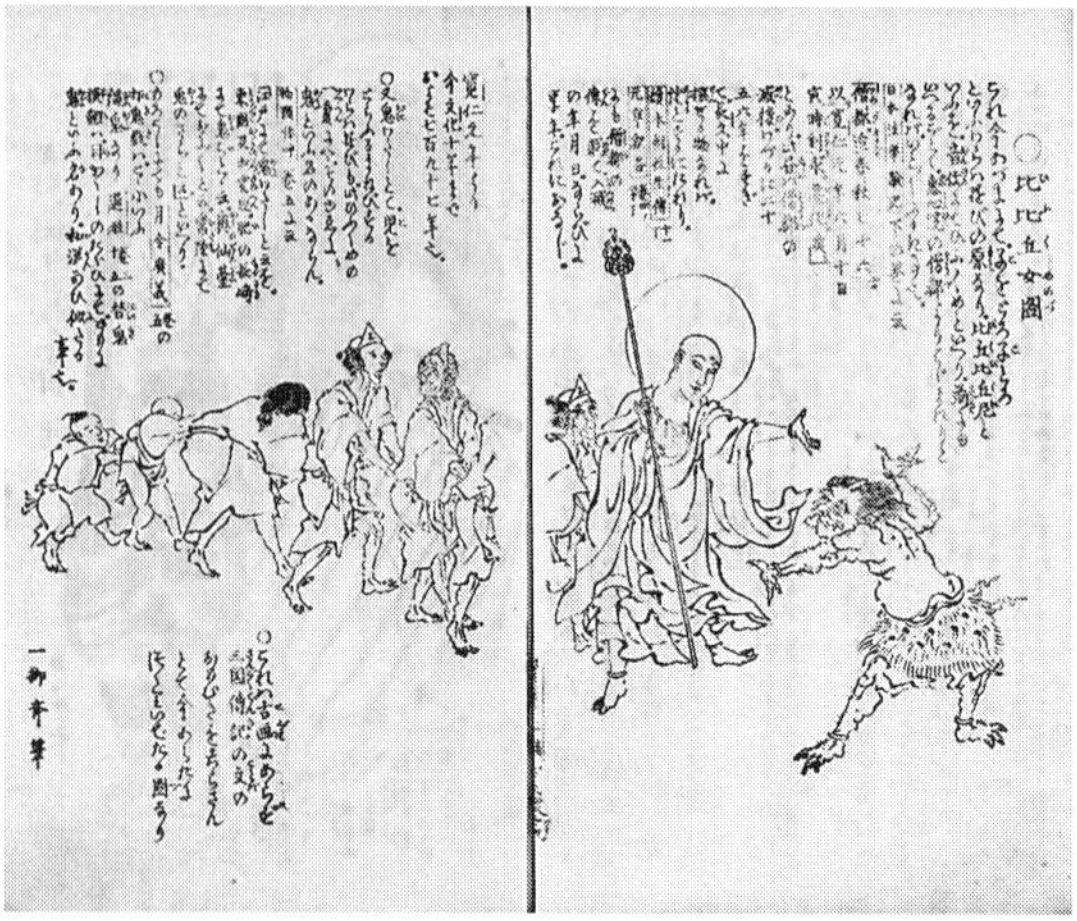

図32　比比丘女（『骨董集』下より，国立国会図書館所蔵）

中世庶民のスポーツと仏教

中世庶民のスポーツを語るうえで、仏教との関わりは見逃せない。勧進相撲、踊り念仏、鞠講など、庶民とスポーツの架け橋になったのは仏教だった。いずれも、伝統的な習俗を仏教の教義と融合させて、人びとの仏教信仰を喚起しようとした意図が見え隠れする。

仏教思想の影響は、子どもたちの世界にも及ぶ。中世に流行した「比《ひ》比《ひ》丘《く》女《め》」は、地獄から罪人を救い出す地蔵菩薩と、それを奪い返そうとする鬼をモチーフにした童戯で、「子をとろことろ」をはじめ多くの鬼ごっこの原形となった（図32）。一説では、古代に大陸からもたらされた遊戯が、鎌倉時代に仏教の民衆教化と結びついて比比丘女となった可能性もあるという（寒川『遊びの歴史民族学』）。ここにも、在来習俗を仏教化した痕跡がうかがえる。

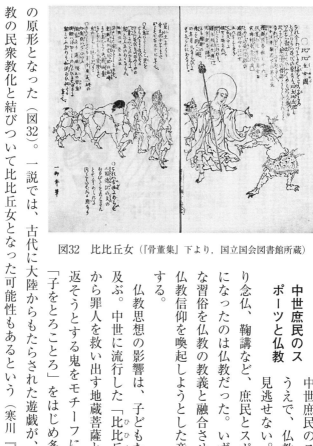

中世は、疫病や飢饉により死の恐怖が身近に迫った時代である。こうした世情にあって、人びとはいっさいの衆生救済を謳う仏教に精神的な拠り所を求め、それと関わって行われた運動競技や遊戯を大いに楽しんだ。中世の仏教は、人びとに寄り添って死や病気への恐怖を乗り越える方便を広めただけでなく、その布教の過程で、庶民が存分に遊べる素材を提供する役割も果たしたといえよう。

日本的なスポーツの醸造発酵期

中世のスポーツの主な担い手は、政権を掌握した武士層だった。武士は合戦に備えて騎射競技の伝統を確立するが、組み討ち戦を想定した相撲も武士に必須の技芸となる。やがて、相撲は勧進聖によって見物料を徴収する芸能興行となり、あるいは武家屋敷で観覧する対象として盛んになった。そこでは専業の相撲取が活躍し、近世に発展する勧進相撲興行の下地を築いていく。中世を通じて、相撲は勇壮な武技から娯楽の対象へと変化したのである。

また、中世には、古代に大陸から伝来した蹴鞠が制度や運動技術の側面から成熟をみせる。貴族が愛したボールゲームのうち、打毬《だきゅう》は中世には衰退するが、蹴鞠は家元の成立によって芸能へと昇華し、武士の心を射止めて時代の波に乗り、さらなる発展期を迎えた。武士の嗜みとなった蹴鞠は、その面白味と、武士の貴族文化への憧れが相まって各地へ広まる。

中世には庶民も活発にスポーツを楽しんでいた。古代には権力者の占有物だった運動競技や盤上遊戯が、庶民層に下りてきたところに中世社会の特徴がある。そこには、在来の習俗を仏教の世界観に取り込んで再編するという巧みな民衆教化の痕跡もみられる。

続く近世には、一般庶民が権力者を押しのけてスポーツの中心的な担い手になるが、その飛躍の準備は中世にはじまっていた。中世の庶民は、多種多様な遊びに自ら興じ、時に観覧して楽しんでいる。中世には、全国各地に地域社会が形成され、自治的な惣村《そうそん》も生まれるが、同じ共同体に暮らす人びとが交流を深めるうえで、スポーツが果たした役割は少なくないだろう。

古代とは異なり、中世には、新種の運動競技や遊戯が続々と登場するような現象は起こらなかった。むしろ、古代の貴族が楽しんでいた多様なスポーツが、担い手の変化を伴いながら武士の間で普及し、さらには仏教思想とも絡んで民間レベルまで浸透しはじめた時代だと考えた方がよい。中世は、日本独特のスポーツを育んだ〝醸造発酵期〟だったのである。

殺しの技からスポーツ競技へ

まじめに遊ぶ江戸の「公務員」

太平の世の到来

殺傷能力より も型の重視へ

織田信長《おだのぶなが》、豊臣秀吉《とよとみひでよし》、徳川家康《とくがわいえやす》という三英傑の躍進により激動の戦国乱世に終止符が打たれると、日本社会は平和へと向かう。近世になっても、依然として武士の治世が続いた。しかし、江戸幕府が盤石の体制を築いて太平の世が訪れると、武士は軍人としての姿を保ちながらも、実質的には幕府や藩に仕える〝公務員〟となる。武士の役割の変化は、中世の武士が合戦に備えて励んできた各種の武術にも大きな転換を促した。

世の中が平和になり戦乱から遠ざかると、武器を用いながら、しかも人を殺すことなく勝敗を争う方法が創案される（西山「近世芸道思想の特質とその展開」）。殺法としての武術は、新時代に命脈を保つ手段として、ルールの範囲内で安全に技を比べるスポーツ競技化の道を歩みはじめたのである。

宮本武蔵《みやもとむさし》が晩年に著した『五輪書《ごりんのしょ》』にも「当世におゐては、弓は中に及ず、諸芸花多くして実すくなし。さやうの芸能は、肝要の時、役に立がたし。」と記され、一七世紀半ばには武術がすでに実戦には向かない「芸能」となっていた様相がうかがえる。武術は殺傷能力よりも技の完成度を求める芸の道を模索しはじめ、その存在意義も中世までとは大きく様変わりした。

すると、剣術の腕前や商才に長けた剣士たちが多くの流派を形成し、弟子に剣術を指南するための道場を開くようになる。諸藩の武士が集まる江戸では、町の剣術道場は藩を越えた交流の場となり、幕末には志士たちの学問や海防の知識、さらには政治的な情報交換の場として機能した（魚住『日本の伝統文化　六　武道』）。

各流派では、技の極意を「型」に集約して、門外不出の秘伝の技芸として継承していく。そのため、近世後期に至るまで、剣術の諸流派では他流試合は厳禁で、剣術の理論や技術はそれぞれの流派や道場で師匠から弟子へと秘密裏に受け継がれた。一八世紀初め頃までの剣術の稽古は、相手に致命傷を与えかねない真剣を用いた実戦形式の「打ち込み稽古」は稀で、型の習得を目指す「型稽古」が中心だった。

安全な稽古用具の登場

近世中期以降、竹刀《しない》と防具の発達によって剣術の稽古に画期的な変化が起こる。真剣の代替品として稽古用に作られた竹刀は、当初は一本の竹を縦に細く分割して革の袋に入れた「袋竹刀《ふくろしない》」だったが、一九世紀に入ると現代のような四つ割りの竹刀が登場する。

剣術の防具は、直心影流《じきしんかげりゆう》の長沼国郷《ながぬまくにさと》が改良を重ね、籠手《こて》、面、胴を備えた形式が完成したといわれている。葛飾北斎《かつしかほくさい》の『北斎漫画』に描かれた道具類をみると、今日の剣道に近い防具がこの時代に存在していたことがわかる（図33）。

こうして、最低限の安全性が保障されたことで、剣術の稽古は大きく様変わりした。真剣ではなく、竹刀を手に持ち防具を装着して打ち合う実戦さながらの「竹刀打込み稽古」が可能になったのである。一八世紀初頭に生まれたこの革新的な稽古法は、「撃剣《げっけん》」とも称され、後世に繋がる大きな流れを形成した。『北斎漫画』に掲載された剣術稽古の模様をみると、外見は今日の剣道にかなり近づいている（図34）。

安全性に重きを置いた稽古法の誕生は、剣術が中世までの殺しの技からスポーツ競技へと転換したことを象徴する出来事だった。

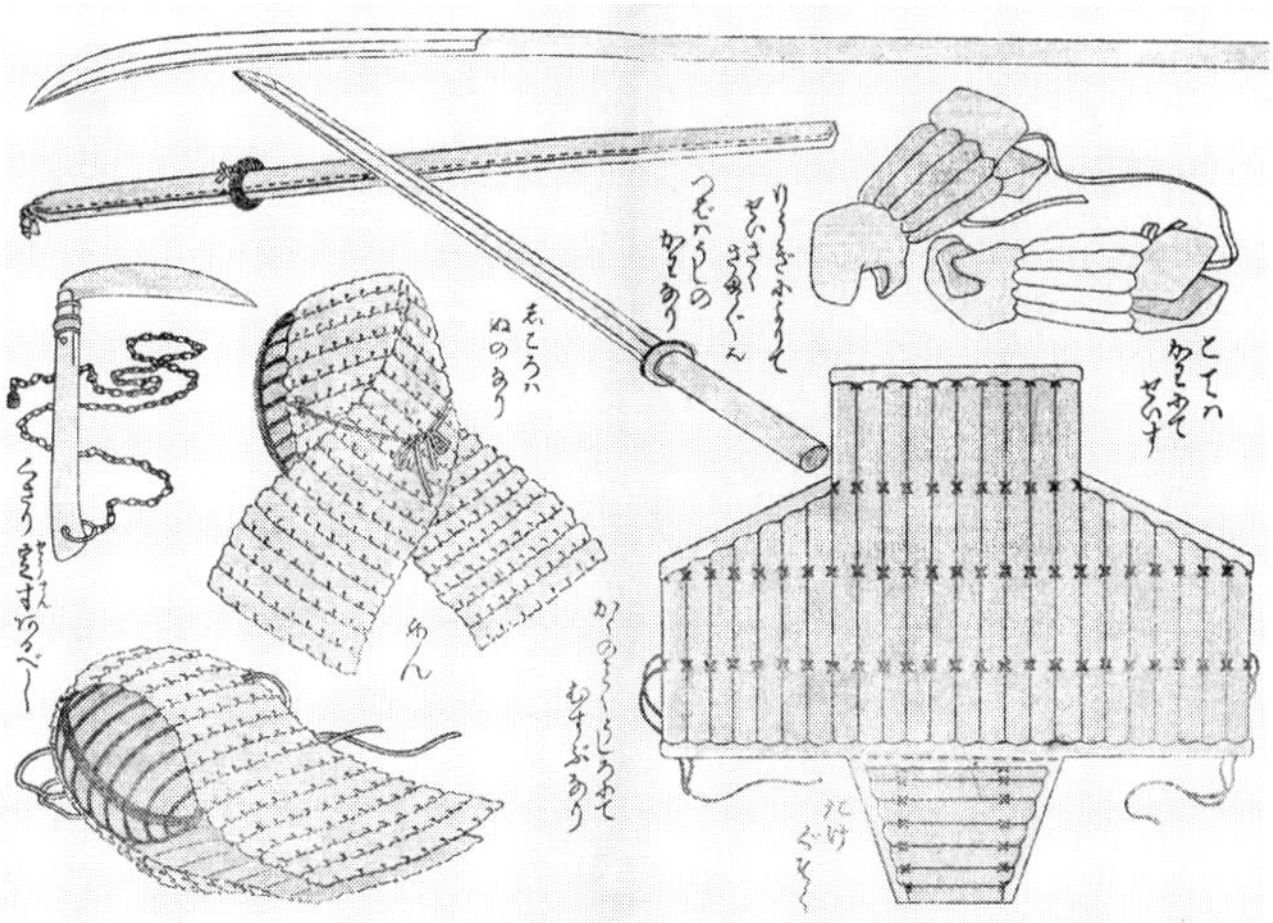

図33　剣術の道具類（『北斎漫画』6編より）

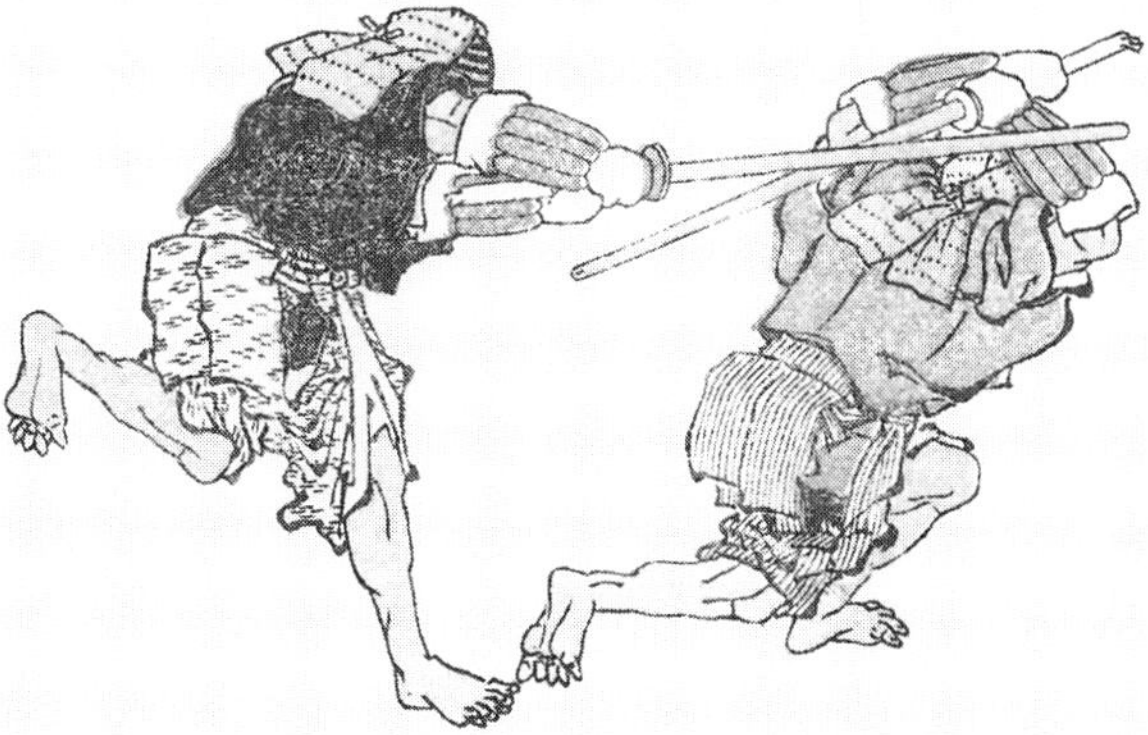

図34　剣術の稽古風景（同上より）

他流試合の解禁と武者修行の流行

近世の剣術の世界では、異なる流派同士が交わることは稀だった。ところが、一九世紀半ばになると、同じ流派の仲間内では飽き足らず、日頃の鍛錬の成果を試す相手を他流派の剣士に求め、広い世界をみようとする者も現れる。やがて、天保（一八三〇～四四）の末以降には大半の流派や道場で他流試合が解禁され、流派間の交流が活発化していった。幕末の回顧録を収載した『幕末百話』によると、安政（一八五四～六〇）頃の江戸では町道場を次々と訪問し、勝負を挑む剣術修行が盛んだったという。

近世後期に全国各地を巡る旅行文化が成熟すると、剣術の世界でも藩や流派を越えた新時代のスポーツ交流が育まれる。武者修行の旅行者が急増し、全国各地の道場を訪ね歩いて他流試合に挑む剣士も続々と登場した。

嘉永六年（一八五三）～安政二年（一八五五）に剣術修行で諸国を遍歴した佐賀藩鍋島家家臣の牟田文之助《むたぶんのすけ》もその一人である。文之助の書き残した日記によると、この修行中に訪れた道場の数は七〇ヵ所を上回る（永井『剣術修行の旅日記』）。修行中の他流試合は大いに歓迎され、夜は地元民と酒を酌み交わしながら剣術談義に花が咲くこともしばしばだった。

江戸の旗本の三男坊として生まれた勝小吉《かつこきち》は、文政五年（一八二二）、二一歳の時に武者修行を理由に無許可で放浪の旅に出た。小吉は、滞在中の遠州森町（静岡県森町）で地元の剣士たちと毎日のように稽古に励んだことを自伝の『夢酔独言《むすいどくげん》』に書き残している。ちなみに、勝小吉は勝海舟《かつかいしゅう》の実父である。

こうして、それまで交わることのなかった遠方に暮らす者同士が、剣術を通じて異文化交流を深める時代が到来した。

外国人がみた武士の剣術稽古

文久三年（一八六三）に来日したスイス人外交官のアンベールは、江戸で目撃した武士の剣術稽古について『日本図絵』の中で次のように記録している。

一人の上級武士が、ただ単に見物していただけだったが、威厳をつけるために、風通しのよくない稽古着をきちんと着けていたが、稽古が終ってからは、肘まで達していた白い籠手をもうはずしてもさしつかえがなくなったので、それを脱いで、二本の刀の柄にぶら下げた。われわれには、その組合せが滑稽でまるで歩く人形のようであったが、当人はいっこう気にもしていない様子であった。

この道場には、稽古に参加しないのに防具を身に着けた上級武士がいたようで、アンベールはこれを「威厳をつけるため」だと指摘した。脱いだ籠手を刀の柄にぶら下げた上級武士の姿は、滑稽に映ったようである。次に、アンベールがみた試合の様子を引いてお

図35　剣術道場で稽古に励む武士（『アンベール幕末日本図絵』より）

きたい。

私はいくたびも、役人たちの剣道の試合に出席したことがある。試合を始める前に、たがいにお辞儀する。守勢に回った方は、いっそうよく切り結ぶため片膝をついて、相手の攻撃をうまく避ける。一撃ごとに芝居がかった見得を切り、表情たっぷりで、打ち合うたびに、双方が勢い込んで掛声をかける。やがて、審判が中に立ってその試合を終らせ、大げさな口調で勝負を判定する。

日本人にとっては見慣れた光景でも、西洋人のアンベールの眼にかかれば客観的な観戦記となる。礼をしてから試合がはじまるのは現在と相違ない。守勢に回った側が「片膝をついて」相手の攻撃をかわすという動きは少々違和感を覚えるが、当時用いられていた技術だろうか。また、「一撃ごとに芝居がかった見得を切り」という表現は、一進一退の攻防を巧みに言い当てている。

アンベールの著作には、武士が道場で稽古に励む様子を描いた絵画が掲載されている（図35）。この道場は屋外で、鳥居が描かれていることから神社の境内だろう。参加者は、何組も入り乱れて一対一の打ち込み稽古を実施している。防具に身を包んで剣術の稽古をする者もいれば、防具を着けずに棒術の稽古に励む者もいたようである。

もっとも、アンベールが来日した幕末にはすでに他流試合が解禁されていたので、実際の道場では、ここに描かれたような異種格闘技戦も珍しくなかったのかもしれない。

武士相手のスポーツ産業の発展

三十三間堂の通し矢の流行

武術のスポーツ競技化が進んだ近世には、江戸の三十三間堂で弓の天下一を決める通し矢の競技会が開催されるようになった。三十三間堂といえば京都の蓮華王院本堂が有名で、近世以前から武士の弓術鍛錬として通し矢が実施されていたことで知られる。

京都をモデルに江戸の浅草に三十三間堂が建立されたのは、寛永一九年（一六四二）のことだった。通し矢の距離と実施時間は種目によって異なったが、最も人気を集めた種目が「大矢数《おおやかず》」である。本堂軒下の端から端までの約一二一メートルの距離を、一昼夜（約二四時間）にわたって矢を放ち続け、的中した矢数の合計を競った。

技術の優劣が的を射抜いた数で示される通し矢は、武士にとって恰好の腕試しの場となる。江戸の三十三間堂は、待望のスポーツ施設だったのである。

参勤交代によって全国の諸藩から多くの武士が江戸に集結していたことが、通し矢の発展のきっかけだった。当初は武士の弓術鍛錬の場だったが、最高記録者に「天下一」の称号が与えられるようになると、藩同士の対抗意識に着火する。雄藩は優秀な射手《いて》の召し抱えに走り、「天下一」の名を我が藩のものにしようと躍起になった。

こうして、通し矢は個人の腕試しにとどまらず、藩の威信をかけた一大スポーツイベントに発展していく。時流に乗って弓術の競技化を推し進めたこの出来事は、武術がスポーツ化していく比較的早い事例である。

弓職人の経営戦略

時代の波を敏感に察知し、江戸にも三十三間堂を建立しようと発案したのは、浅草両替町に住む備後《びんご》という弓職人だった。江戸で通し矢が流行すれば、記録を追求する競技者やそのパトロンがこぞって高性能の弓を買い求めるようになり職人たちが潤う。三十三間堂建立の背景には、江戸の弓職人による巧みな経営戦略が潜んでいたのである（図36）。

京都の三十三間堂が諸仏を安置する寺院を後から射場に利用したのに対し、江戸の三十三間堂は最初から通し矢の競技場として建立されたところに特徴があった。もともと、この施設は弓職人の私設競技場だったが、武術奨励という公共性も手伝って、幕府から維持管理に係る莫大な補助金が複数回に及んで投じられている（今村『修訂十九世紀に於ける日本体育の研究』）。いわば、半官半民のスポーツ施設の誕生である。

やがて、浅草の三十三間堂は火災で焼失したが、元禄一四年（一七〇一）には深川に再建される（図37）。以後、度重なる焼失や風雨による倒壊という被害を受けながらも、三十三間堂は武士の根強い通し矢人気に支えられて繰り返し復活を遂げた。諸藩の武士をターゲットにしたスポーツ産業が、近世初期の江戸に芽吹いていたのである。

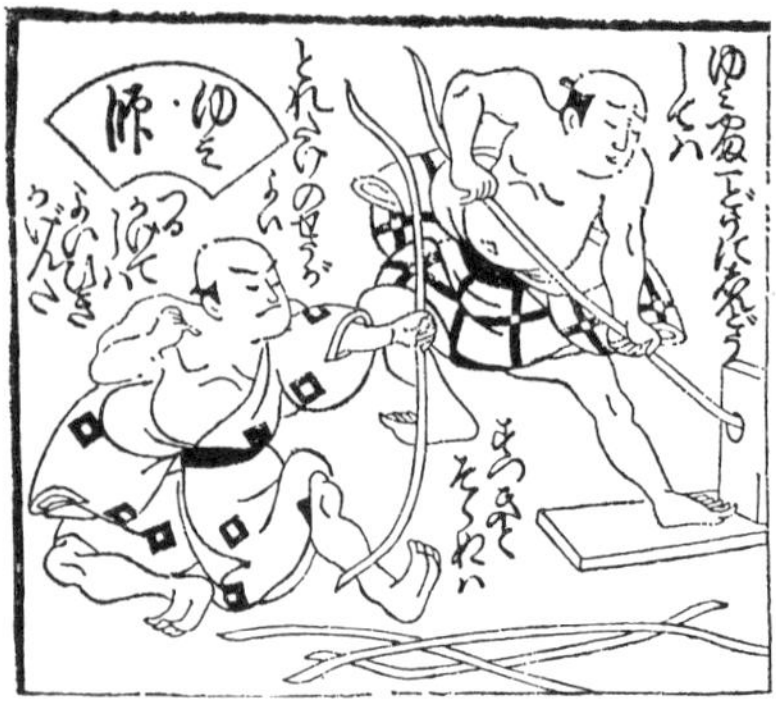

図36　18世紀初頭の弓職人
（『今様職人尽百人一首』より，
国立国会図書館所蔵）

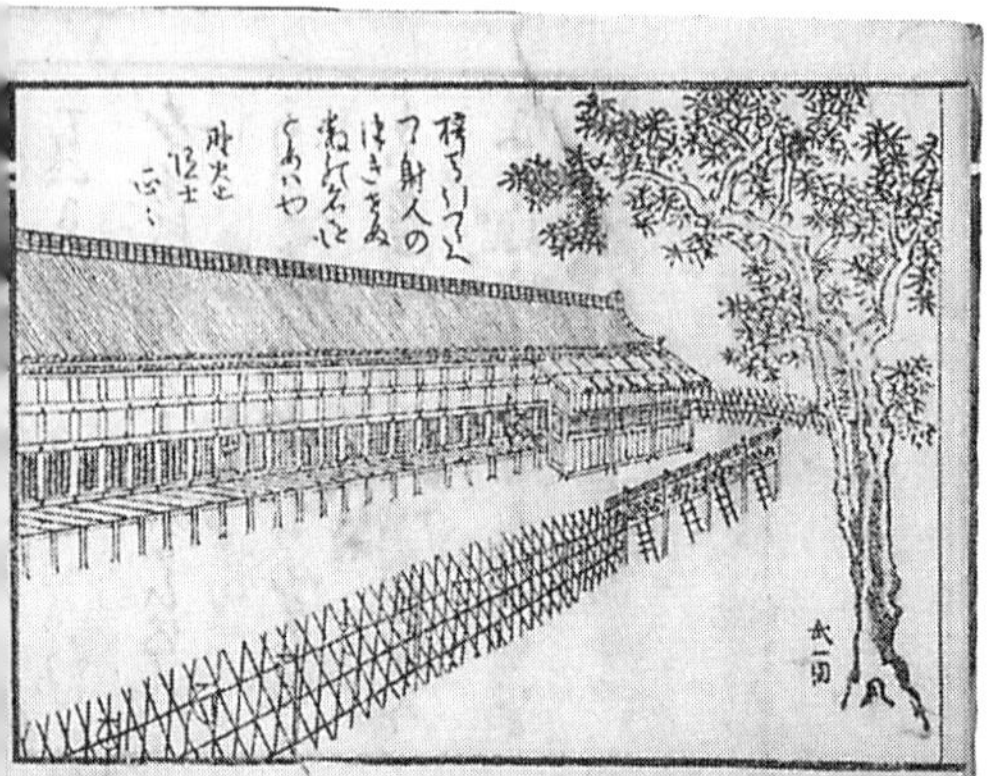

三十三間堂矢数帳』より，江戸東京博物館所蔵）

勧進相撲興行の誕生

勧進相撲《かんじんすもう》の見物も、早くから江戸在住の武士を魅了した娯楽である。宝暦一三年（一七六三）刊行の『古今相撲大全』によると、江戸の勧進相撲は、寛永元年に明石志賀之助《あかししがのすけ》が四谷塩町で興行したのが最初だとされるが、志賀之助の人物像も含め不明な点が多い。

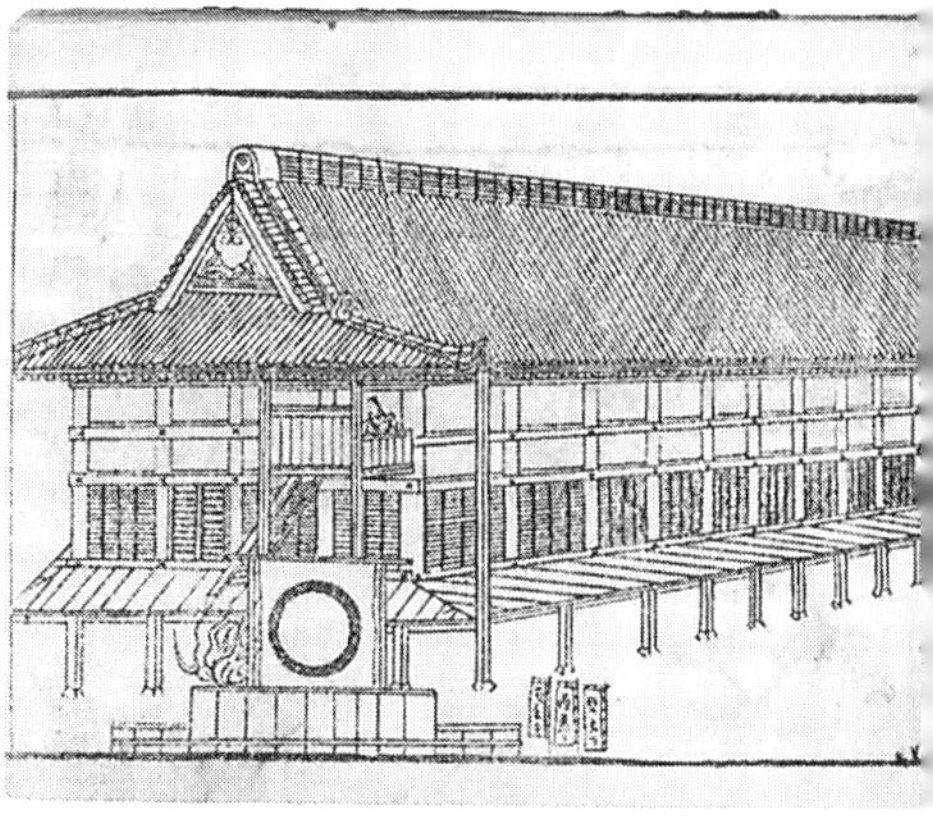

図37　江戸深川の三十三間堂（『江戸

近世の勧進相撲は江戸、京都、大坂の三都で行われたが、当初は上方《かみがた》が優勢で、江戸の勧進相撲は最初から活発化していたわけではない。三都の中でも次第に江戸相撲が中心的な地位を占めていく要因の一つが、諸藩の武家屋敷の存在だった。諸藩の大名や旗本の中には、力士を召し抱えて江戸藩邸で相撲見物に興じる者もいたからである。

近世初期には、藩による力士の召し抱えは武術奨励の意味合いがあったが、元禄（一六八八〜一七〇四）以降は雄藩の対抗意識のもと、力士は藩の広告塔として勧進相撲に出場するようになる。お抱え力士の活躍は、藩の威厳を世間に誇示し、故郷を離れて江戸で勤番する藩士たちのアイデンティティを鼓舞する絶好の機会にもなった。

こうして、近世初期の江戸で勧進相撲が盛んになるが、その根底には中世社会の伝統が息づいていた。中世以来の流れを汲んで、相撲取を召し抱えて武家屋敷で相撲見物を楽しむ風習と、寺社の境内で観客から見物料を取って行う勧進相撲興行の二つの系統が近世にも引き継がれ、江戸の勧進相撲の基礎を築き上げたのである。

遊ぶ勤番武士たち

参勤交代で江戸にやってきた藩士たちは、多くの娯楽に興じた。例えば、紀州和歌山藩の下級武士の酒井伴四郎《さかいばんしろう》は、江戸市中のグルメを食べ歩き、名所見物に出掛け、芝居小屋や寄席にも足繁く通い詰めている（青木『幕末単身赴任　下級武士の食日記』）。

また、八戸藩の勤番武士の事例では、彼らは近隣の寺社参詣や浄瑠璃の鑑賞を楽しむこともあり、藩邸内では囲碁や将棋などの知的な勝負事にも熱中している（岩淵「八戸藩江戸勤番武士の日常生活と行動」）。

中には、スポーツ観戦を存分に楽しんだ勤番武士もいた。庄内藩の中級武士の金井国之助《かないくにのすけ》である。岩淵令治の研究から、国之助の生き生きとしたスポーツライフの一端をのぞいてみたい（「庄内藩江戸勤番武士の行動と表象」）。

金井国之助の江戸勤番中の日記には、相撲の観戦に出掛けた記録が合計で九回登場する。

表4　金井国之助の相撲見物

年　月　日	場所	値　段	人数
天保14年(1843)閏9月16日	湯島天神	132文	2人
天保14年(1843)閏9月24日	湯島天神	中止	2人
天保14年(1843)10月15日	牛込	不明	不明
天保14年(1843)11月2日	回向院	11～12匁(土間升席)	9人
弘化2年(1845)11月21日	不明	2朱672文(升席か？)	7人
嘉永元年(1848)12月2日	不明	2朱300文（1升）	6人
嘉永2年(1849)11月19日	不明	中止	不明
嘉永2年(1849)11月21日	不明	1歩200文（桟敷）	11人
嘉永6年(1853)11月27日	不明	100疋（うち80文引）	6人

（出典）　岩淵令治「庄内藩江戸勤番武士の行動と表象」より.

国之助は仲間を連れ立って相撲見物をたびたび楽しんでいた（表4）。正式な勧進相撲は天保一四年（一八四三）一一月二日の回向院《えこういん》の興行のみで、ほかは稽古のためと称して寺社境内で臨時に興行が開かれる「花角力《はなずもう》」だった。経済的に余裕がない藩士たちにとって、勧進相撲よりも安価で楽しめる花角力の方が見物しやすかったのだろう。

　国之助の日記には、庄内藩出身の力士の勝利を喜ぶ記述もあり、江戸の相撲が各藩の対抗意識を刺激していた様子がうかがえる。庄内藩は相撲を好む藩主が多く、城下では頻繁に相撲興行が催され、江戸の力士が巡業に来ることもあった。国之助にとって、相撲観戦は故郷でも慣れ親しんだ娯楽だったのである。彼は目の肥えた相撲ファンだったといえよう。

国之助は深川の三十三間堂の通し矢競技も観戦している。とくに、天保一四年閏九月二六日には、丸一日をかけて矢を射続ける「大矢数」に出場する庄内藩士の応援に訪れた。庄内藩は弓術が盛んな土地柄で、三十三間堂を模した通し矢の競技場も建設されたほどである。全国から武士が集まる江戸の通し矢で郷土の藩士が活躍することは、庄内藩の実力を日本中に誇示するまたとない機会だった。

江戸の勤番武士にとって、スポーツ観戦は魅力ある娯楽という側面に加えて、藩の一員としてのアイデンティティを再確認するような役割も果たしていたと考えられる。

日本式打毬の誕生

徳川吉宗の武芸奨励策

八代将軍の徳川吉宗《とくがわよしむね》は、享保元年（一七一六）から二九年間に及ぶ在任期間のうちに多方面にわたる改革を推し進めた。この享保《きょうほう》の改革《かいかく》によって列島社会の均質化が進み、日本型社会が急速に形成されていったという評価もある（大石『江戸の教育力』）。

将軍吉宗は、実戦からかけ離れて〝平和ボケ〟した武士の姿に危機感を抱いていた。幕府の公式史書『有徳院殿御実紀』によると、吉宗は、たとえ世の中が平和になっても、武士は武芸の鍛錬に精進すべきだと考えていたという。

吉宗が武芸を奨励した最大の動機は、士風の頽廃を問題視したところにある（横山『徳川吉宗の武芸奨励』）。吉宗の治世では、旗本に対しては、弓、馬、剣、槍、砲術、水練などを対象に武芸上覧の機会を与え、御家人には弓術や砲術の武芸見分を実施した。旗本の子弟に課せられた登用試験には、弓術、馬術、剣術、槍術の課題を盛り込んでいる。また、狩猟や流鏑馬《やぶさめ》を推奨し、海外の馬術の情報も積極的に取り入れた。

徳川吉宗の武芸奨励策は、武士の馬術訓練とも関わって古代の騎馬《きば》打毬《だきゆう》の復興へと向かった。しかし、古代の貴族が熱中した打毬の完全なる再現を目指したわけではない。

ニュースポーツとしての打毬の復興

太田南畝《おおたなんぽ》は『一語一言』の中で、古代の朝廷で盛んに行われた貴族の打毬は、中世の武家社会に引き継がれずに途絶えていたが、享保（一七一六〜三六）の頃になって新たな方式の打毬が生み出されたと記している。また、伊勢貞丈《いせさだたけ》の『四季草』によれば、打毬は吉宗が君臨した時代に将軍家が新たに考案した競技だという。吉宗の時代に蘇った打毬は、古代王朝風の競技をモデルに再編された近世の〝ニュースポーツ〟だったのである。

新型の打毬は、武士の心を捕えて普及していった。『有徳院殿御実紀』には、享保一二年八月四日、江戸城付近に馬を走らせて打毬で遊ぶ者たちがいて、往来の邪魔をして警告を受けたと記されている。人目をはばからず、派手にプレーしたのだろう。

打毬は、歴代の将軍たちにも受け継がれていく。とくに、一一代将軍の徳川家斉《とくがわいえなり》は大の打毬好きだった。『文恭院殿御実紀』によると、寛政三年（一七九一）六月二日に家斉は江戸城内で打毬の観戦を楽しんでいる。また、家斉は自らも打毬に親しみ、側近の家来たちとたびたびプレーしたという（今村『修訂十九世紀に於ける日本体育の研究』）。

一九世紀に入っても、将軍家の打毬への愛着は衰え知らずだった。一四代将軍の徳川家茂《とくがわいえもち》は、歴代将軍の中でも突出して多くの打毬上覧を行なっている。慶応元年（一八六五）八月一五日には、紀州徳川家と尾州徳川家から家臣団が参加して、家茂に打毬を披露するビッグイベントが開催された（『南紀徳川史』）。

打毬の日本的改良

近世に復興した打毬は、古代王朝風の競技形態から離れ、日本独自のボールゲームとして確立されていった（図38）。宮内省（当時）主馬寮が編纂した『打毬ノ由来　附打毬規定』には、近世に武家の間で定着した打毬と、古代貴族の打毬との相違点が次のように記されている。

一、毬門ノ一箇トナリタルコト
一、毬ガ著シク小トナリタルコト
一、叉手ノ使用法ノ異リタルコト
一、毬ヲ跳ネ入レル方法ヨリ投ゲ入レル方法ニ變リタルコト
一、揚毬ヲ考案シタルコト

宮内省は、近代以降に徳川家の打毬の継承母体となるが、この五つが、近世に復興を遂

図38　近世に復興した打毬の用具
（『打毬ノ由来　附打毬規定』より）

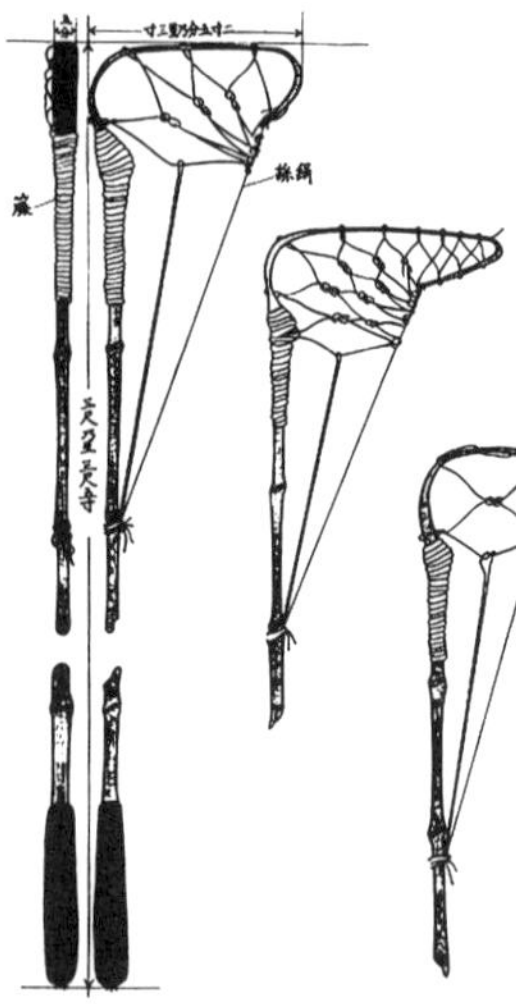

（毬杖）

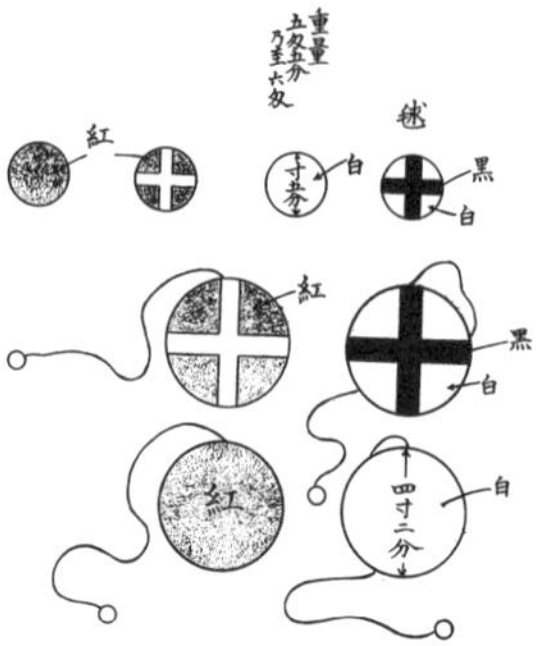

（毬）

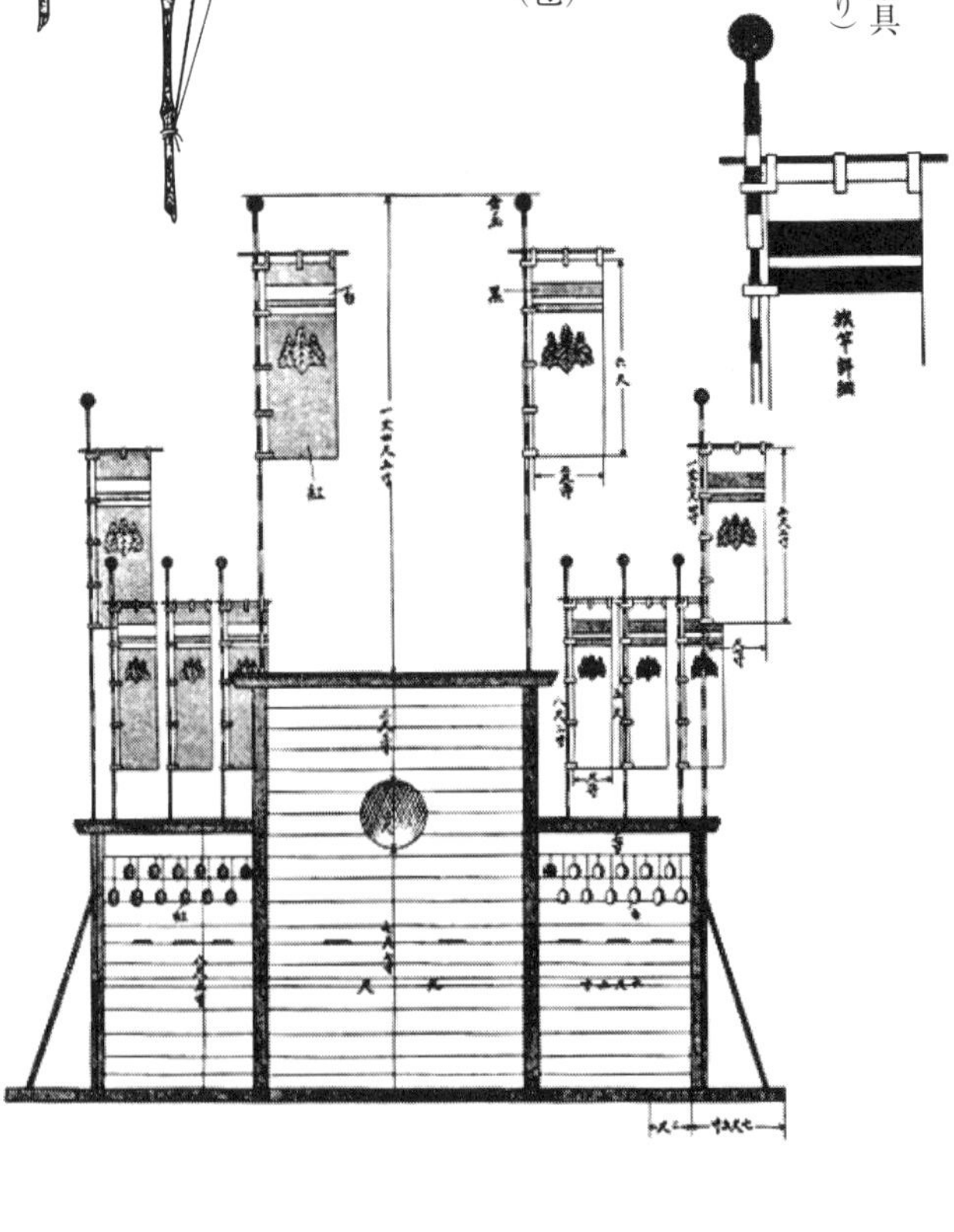

（毬門）

げた打毬が改良されていく過程を説明するうえでの大きなポイントである。

まず、打毬は紅白の二組で競う団体戦のボールゲームだが、古代は両サイドにあった毬門（ゴール）は、近世の改良後には一つの毬門を両チームで共有する形態に変化する。競技者は毬門に設置された直径六〇センチほどの丸い穴を目掛けてシュートした。

また、毬《まり》のサイズも小さくなった。今日の宮内庁に伝わる打毬の毬はゴルフボールほどの大きさなので、古代の毬はもっと大きかったのだろう。

三つ目と四つ目のポイントは一括りで考えられる。古代の打毬では、打具を使って毬を打撃していたが、近世の打毬では競技者が手にした用具は「毬杖《きゅうじょう》」と呼ばれ、先端には毬をすくい取って落とさずに毬門まで運ぶための「叉手《さで》」という網の部分があった。用具の変化に伴い、得点するための技術も「跳ネ入レル」から「投ゲ入レル」へと変わる。

最後の項目にある「揚毬ヲ考案シタルコト」は、競技の形態と関係している。競技に用いる紅白の毬には、平毬《ひらだま》と揚毬《あげだま》の二種類があった。自チームの平毬を決まった数だけ毬門に投げ入れると、勝負を決する揚毬が場内に設置され、これを毬門に入れたチームが勝者となる。勝敗のかかる場面では、両軍が入り乱れる激しい攻防も繰り広げられた。揚毬は、競技を盛り上げるためのエッセンスだったのである。

打毬には馬を寄せて敵を妨害する局面もあり、巧みな手綱さばきが要求された。片手で毬杖を操作することは、片手で武具を扱いながら馬を操る訓練にもなる。戦乱から遠ざかった時代にあって、打毬は運動競技を

武士の鍛錬としての打毬

プレーしながら馬術の鍛錬ができる恰好の教材だったのである。

「幕府時代之打毬之図」は明治二一年（一八八八）の作品だが、近世後期の江戸の武士が打毬をする姿が描かれている（図39）。観覧席には、勝負の行方を見守る奉行たちがいる。競技者たちの力強い攻防の描写から、エキサイティングなゲーム展開が伝わってくる。

都市の庶民層が急成長した時代、為政者としての武士の威厳を主張するかのように、打毬という運動競技が時を超えて復興を遂げた。だからこそ、古代貴族の優雅な空気感を取り除き、武士を象徴するような勇壮な気風が上書きされることになったといえよう。

毬之図」）

武家打毬の全国展開

近世の武家打毬は、武芸鍛錬という目的と競技としての面白味が相まって武士の心を捕え、全国的な広がりをみせる。近世後期には、八戸、山形、白河、桑名、三春、松代、名古屋、福井、鯖江、和歌山、萩、

図39　打毬をする近世後期の武士（「幕府時代之打

図40　明治初期阿波地方の打毬の記録を記した『打毬諸事控』

徳島、高知、柳川などの広範囲で行われていたという（渡辺「江戸時代の武家打毬」）。

各地で行われた打毬は、徳川家の系統を正確に再現したものばかりではない。例えば、紀州藩、八戸藩、鯖江藩、水戸藩の打毬は、それぞれゴールの形態や競技形式が異なっていた（谷釜『ボールと日本人』）。打毬が全国的な展開をみせたことは間違いないが、その行われ方には地域的な差異があったといえよう。

列島に広まった打毬は、明治期以降もしばらくの間は各地の伝統スポーツとして引き継がれていった。

阿波小松島金磯村（徳島県小松島市）の多田宗太郎家には、明治中頃の打毬の次第を記した『打毬諸事控』が残されている（図40）。明治一七年～二〇年の期間に阿波で開かれた打毬会の出席者、費用、馬術免許状写などを控えた記録である。多田宗太郎家は、阿波地方で代々農業や廻船業を営む豪農として知られる。この事例に限らず、近世の武家打毬は、土地の有力者も巻き込みながら地方に根を下ろしたのだろう。

外国人がみた打毬

幕末の訪日外国人の中には、江戸の武士が打毬をプレーする姿を目撃した者もいた。

安政六年（一八五九）に来日した初代英国公使のオールコックは、滞在中に武家打毬を目の当たりにし、次のように書き留めている（The capital of the tycoon）。

武士たちは騎馬のゲームを行う。ラケットのようなものでボールを掬い上げ、競技場の端に設置されている穴の中に投げ込むというゲームである。競技者は二つのチームに分けられ、色で区別される。相手がラケットにボールを入れて馬を走らせている時に、そのラケットの中のボールを打って弾き飛ばすところは大変面白みがある。

オールコックは、打毬に熱中する武士の姿を正確に捉えていた。騎乗した競技者は「ラケット」（毬杖）で地面から「ボール」（毬）を掬い上げて、「穴の中」（毬門）を目掛けてシュートする。また、相手が保持したボールを弾き飛ばす場面もあるという。打毬のルールや技術的なポイントまで克明に活写したオールコックの観察眼には、驚くばかりである。

万延元年（一八六〇）にプロイセンから来日した外交官のオイレンブルクも、『公式資料によるプロイセンの東アジア遠征』に次のように記す。

　球戯は馬に乗ってする。先に綱のついた棒を持ち、二つの陣営に分かれ、一つは赤の、もう一つは白い球でもってそれが自分の穴に入らないよう防ぎながら、自分の球を相手の穴に入れようとするものである。この遊びは非常に乗馬の訓練を必要とし、勇敢に行なわれるということである。

オイレンブルクは、打毬のルールと合わせて、この運動競技には卓越した馬術の腕前が必須であることを的確に見抜いていた。

近世の武士を魅了した徳川家の打毬は、明治維新後は宮内省に引き継がれるが、その模様を丹念に記録した外国人もいた。明治三九年、英国皇族の首席随行員として二度目の来日を果たしたミットフォードの日記には、彼をもてなすために宮中で催された打毬の一部始終が書き留められている（『ミットフォード日本日記』）。

迫る欧米列強の足音

黒船来航と江戸相撲

嘉永六年（一八五三）六月三日、アメリカ東インド艦隊総司令長官のペリーが四隻の軍艦を率いて浦賀沖に来航し、江戸湾に侵入する。ペリー艦隊は六月一二日に翌年の再来航を予告して退去したため、町奉行所は早急に対策を講じる必要に迫られた。

未曾有の国難を前に立ち上がったのが、江戸勧進相撲の興行運営組織の相撲会所《すもうかいしょ》である。相撲会所は北町奉行所に対して、異国船の来航によって諸大名が海防警備に奔走しているが、幕府から免許を受けた相撲興行で生計を立てる我々も何かしら貢献したいという願書を提出した（太田「使節ペリーへの贈答品と相撲取」）。

安政元年（一八五四）正月一六日、ペリーが七隻の軍艦とともに浦賀に再来航すると、町奉行所と相撲会所のやり取りが本格化する。『相撲年寄総代上申書』によると、幕府はアメリカ側に贈呈する米俵を運ぶ任務を相撲取たちに命じていたことがわかる。しかも、ただの運搬要員ではなく、日本が誇る力自慢の相撲取たちには、アメリカ人の前で重たい米俵を自在に担ぎ上げるパフォーマンスを行い、土俵入りと稽古相撲の披露も期待されていた。江戸の相撲取たちに、国家の威信に関わる一大事業が託されたのである。

選抜された相撲取の中には、東西大関の小柳常吉《こやなぎつねきち》と鏡岩濱之助《かがみいわはまのすけ》をはじめとする幕内の看板力士に、絶賛売り出し中の巨漢力士、白真弓肥太右衛門《しらまゆみひだえもん》も加わっている。二月一七日の朝、江戸の相撲界を代表する約六〇名の相撲取たちが船で浦賀へ移動し、東海道の保土ヶ谷宿に滞留して本番に備えることとなった。

日米スポーツ交流の実現

安政元年二月二六日、ついに任務遂行の日が訪れた。

アメリカ側が横浜の応接所に到着すると、裸体に廻しを締めた相撲取たちが登場し、米俵の運搬がはじまる。彼らの怪力ぶりはアメリカ側の度肝を抜いた。相撲会所の実施報告書（『相撲年寄惣代上申書　町奉行へ　横濱應接場相撲取組の件』）によれば、一度に二俵を担ぐ者、一俵を指先で持ち運ぶ者、一俵を口に咥えたまま運ぶ者もいたという（図41）。

日米の条約交渉に立ち会った林復斎《はやしふくさい》の『墨夷応接録《ぼくいおうせつろく》』には、ペリーをはじめアメリカ

図41　米俵を運ぶ相撲取（瓦版「力士力競」，横浜開港資料館所蔵）

図42　相撲取の稽古相撲（『ペリー提督日本遠征記』より）

側の面々は、日本の相撲取が重い米俵を自在に操りながら一丁（約一〇九メートル）ほどの距離を運搬するのをみて、一様に感心したと記されている。

ペリー艦隊の公式遠征記録（Narrative of the expedition of an American squadron to the China Seas and Japan）によると、ペリーは大関の小柳を目の前に呼び寄せて身体に触れ、相撲取がただの肥満体ではなく、筋肉質の堅い身体であることを確認した。また、通訳として随行したウィリアムズの日記（A journal of the Perry expedition to Japan）には、小柳がペリーに自分の太鼓腹を拳で殴らせたと書かれている。

米俵の運搬が済むと、応接所の敷地内に設置された土俵で、幕内の相撲取が稽古相撲を披露した（図42）。ペリーの近くで相撲見物に立ち合った福山藩士の江木繁太郎によれば、ペリーは初めてみる相撲の取り組みに関心を示し、二度ほど笑ったという（『江木鰐水手記』）。

江戸幕府の公式史書『温恭院殿御実紀』には、稽古相撲の実演後、アメリカ船の乗組員が大関の小柳と相撲を取ったことが書き留められている。アメリカ船内で小柳が大柄な乗組員三人を相手に戦い、一人を脇に抱え、一人を押し伏せ、一人を高く持ち上げて圧勝したという。また、『大日本維新史料』第二編第五所載の『小倉藩横濱日記』には、相撲実演の後、喜んだアメリカ人が日本の役人たちと相撲の真似事をはじめ、やがてそこに相撲取たちも参加したと記されている。

　これは余興だったとみえるが、相撲という日本の運動競技をアメリカ人が体験し、日米双方の対戦形式で直接的な交流が図られたようである。ただし、アメリカ側の史料には日米の相撲対決の話題は登場しないため、小柳の武勇伝の真意は定かではない。

　異文化世界からやってきたアメリカ艦隊に対し、相撲を通じて自国文化を発信したこの出来事は、日米スポーツ交流の先駆けとして捉えることができよう。

水術の発展と近代泳法

　欧米列強国によって平和が脅かされると、各種の武芸にも影響が及ぶ。黒船の衝撃を目の当たりにした江戸では、幕府が講武所《こうぶしょ》を設け、剣術や槍術に加えて洋式砲術の訓練も行われた。また、日本列島の沿岸各地では海防意識が強まり、水術の訓練が以前よりも重視される。江戸では隅田川に水練場が設けられ、夏場は武士が水術稽古に励んだ。

　近世水術を担ったのは、日本列島の沿岸で生まれた水術諸流派である。その代表格は、紀州の能島流《のじまりゅう》、小池流、岩倉流、観海流、四国・中国地方の神伝流、小堀流、八幡流、神統流、山ノ内流、水戸地方の水府流、さらには幕府を中心に発達した向井流、講武永田流がある。

　日本古来の水術は、水中で身体を操作する技術は高水準に達していた。水術の稽古では、平泳ぎに類似した「平体」、サイドストロークに似た「横体」、西洋では稀だった「立体」（立泳ぎ）をはじめ、あらゆるタイプの泳法が指南されている。

水術は近代泳法を受け入れる下地となったが、直線的な速さを重視しない武技としての水術は、近代泳法とは異質だった。頭を水中に入れて周囲への注意を遮断する近代泳法は、敵の攻撃が迫る合戦の場面では命取りになったからである。

したがって、日本古来の水術が、そのまま近代スポーツの世界で通用したわけではなかった。日本競泳陣が初めてオリンピック（アントワープ大会、一九二〇年）に参加した時、日本古来の水術をベースに泳いだ日本選手は、欧米選手の本場のクロールに歯が立たず惨敗している（日本体育協会編『スポーツ八十年史』）。

能島流の水術からシンクロ競技へ

日本のシンクロ競技（現在のアーティスティック・スイミング）の躍進は、古来の水術と大いに関係があった。人に「みせる」ことを前提に泳ぐシンクロ競技では、立ち泳ぎをはじめ水術の技芸が有効な武器になったからである。

紀州和歌山藩で発達した能島流は、近代以降は大阪府堺市の浜寺水練学校に引き継がれる。明治中頃に書かれた『能島流游泳術』という教本には、水術の本旨は、身体がよく水に浮かんで、いかなる水勢でも自由自在に泳げることだと説かれている（図43）。

図43　能島流の立ち泳ぎ（『能島流游泳術』より，国立国会図書館所蔵）

大正末期、浜寺水練学校では、能島流に伝わる水術と近代泳法をミックスし、西洋音楽に合わせて集団で演技する「楽水群像《らくすいぐんぞう》」が生み出された。アメリカでシンクロ競技が誕生するよりも前の話である。やがて、浜寺水練学校は黎明期の日本シンクロ界をリードする存在となり、ここからオリンピックのメダリストも巣立っていく。近世の武士が担った水術が、世界の第一線で活躍するスイマーを生み出す土壌となったのである。近世から近現代へのスポーツの連続性が垣間見えるエピソードとして興味深い。

日本初の長距離レース

日本の近海に外国船が頻繁に来航し欧米列強の足音が迫ると、武士の鍛錬を基礎体力から見つめ直そうとする試みも現れる。

安政二年、日本で最初の長距離レース「安政遠足《あんせいとおあし》」が、安中藩（群馬県安中市）の藩士たちによって行われている。藩主の板倉勝明《いたくらかつあきら》は、藩士の心身鍛練のために、安中城から碓氷峠の熊野権現までの急峻な山道（約二九キロ）を走破するよう命じた。黒船来航による危機感が、安中藩主をして長距離レースの開催へと向かわせたのである（板橋「安政遠足侍マラソンにみる文化資源化」）。

安政遠足の全容を記した『安中御城内御諸士御遠足着帳』（安中市松井田町峠　曽根家所蔵）によれば、このレースは旧暦の五月一九日から六月二八日までにわたって開催され、五〇歳以下の藩士九八名が参加したという。一斉スタートではなく、数日おきに六〜七名のグループで走る方式が採用された。安政遠足の日付は、新暦では七月二日から八月一〇日に相当する夏真っ盛りの時期である。

初日の五月一九日、早速アクシデントが発生する。走者の着順を記録する役割の熊野権現の曽根神官は、前日の打ち合わせで安中城に赴いていたが、その日のうちに帰宅する予定だった。しかし、大雨の影響で途中の宿場に一泊したところ、翌朝に熊野権現まで戻る道中でランナーに追いつかれてしまう。そのため、レース初日の着順は不明である。

安政遠足は安中城から碓氷峠までの約二九キロを走破するものだったが、その過酷さは平面的な距離だけではなく、急勾配の山道にあった。スタート地点の安中城の標高は約一五〇メートルだったが、ゴールの熊野権現は標高約一二〇〇メートルで、標高差は実に一〇〇〇メートルに及ぶ。しかも、交通手段が乏しい時代、藩士たちはこのコースを完走した後、安中城まで徒歩で引き返す必要があった。フルマラソンよりも遥かに長い、往復六〇キロ近くの道のりを一日で移動した安中藩士たちは、紛れもない健脚だったといえよう。

欧米列強の脅威を察知した武士の長距離走は、ペリー来航以前の江戸でも行われていた。幕府が異国船打払令《いこくせんうちはらいれい》を発した文政八年（一八二五）、江戸在住の武士の友成柳次郎《ともなりやなじろう》は、日頃の鍛錬の成果を試すために江戸〜鎌倉間を日帰りで走って往復する遠足に挑戦した。その模様は、『遠足願諸扣』（『馬の文化叢書第四巻』所収）という史料に収められている。

走る江戸の侍たち

四月二六日、柳次郎はまだ夜も明けない七ツ時（二時五二分頃）に品川宿を出発し、巳《み》の上刻（八時〇四分頃）には鎌倉の鶴岡八幡宮に到着した。雪ノ下村の本陣で豪勢な食事でもてなされた後、四ツ半時（一〇時二九分頃）には江戸に向けて復路を走りはじめ、途中の村で粥を振舞われながら申《さる》の上刻（一五時一八分頃）に品川宿に帰着し、見事に完走を成し遂げる（時刻の換算は橋本『日本の時刻制度』より）。

柳次郎の遠足にあたっては、走行の妨げにならないように、沿道の住民に対して道を空けるように事前の触れが出されていた（渡辺「遠馬と遠足」）。当時、これだけの距離の遠足は珍しかったため、沿道の人びとも柳次郎の挑戦を成功させようと協力したのだろう。

柳次郎の走行のペースは、往路が品川〜鎌倉間の一一里（約四二・九キロ）を約五時間、復路も同じ道を引き返してやはり五時間ほどで走破している。往復で二二里（約八五・八キロ）をおよそ一〇時間で駆け抜けた柳次郎は、驚異的な健脚の持ち主だった。寛政三年（一七九一）三月五日にも数名の幕臣が江戸～鎌倉間で遠足を行っているが、この時は往復を約一二時間半かけて走った記録があり（鎌倉での休憩時間は不明）、やはり見事な脚力である（児玉編『鎌倉市史 近世近代紀行地誌編』）。

こうして複数の事例をみると、近世の武士の中には相当なスタミナを持つ者も少なくなかったと考えることができる。

近世武家とスポーツ

戦国乱世が幕を下ろし世の中が平和になると、武士の鍛錬も大きな変革期を迎えた。武術の稽古では、殺傷能力よりも流派に伝わる型の習得が重視され、竹刀や防具の登場により安全に技量を競い合う時代が訪れる。武術のスポーツ競技化である。

スポーツ産業の発達も、近世社会の大きな特徴である。江戸の三十三間堂建立の背景には弓職人の経営戦略があったし、中世に生まれた勧進相撲は有力武士をパトロンにしながら本格的な興行へと発展していく。参勤交代で江戸に集まった諸藩の勤番武士たちは、郷土を代表する競技者たちの活躍に胸を躍らせ、スポーツ観戦を大いに楽しんだ。

徳川吉宗の時代には、古代貴族の打毬が武士の鍛錬に見合った勇壮な運動競技へと大幅に改良されている。古代にシルクロードを通って大陸から伝わった打毬は、中世の停滞期を挟んで、担い手も見栄えも異なる競技に生まれ変わったのである。

一九世紀中頃に欧米列強の脅威を知った日本では、国防の手段として武術がクローズアップされる。ペリー艦隊の来航時、日米交流に貢献した相撲は、先史時代から脈々と受け継がれてきた日本を代表する武術の系統である。また、沿岸地域では海防意識から武士の水術が重視されるようになったし、長距離を日帰りで走るという鍛錬に励んだ武士たちもいる。

近世武家のスポーツの特徴は、武術の競技化や芸能化が推し進められたところにあったが、そこにはたいていの場合、勇壮でストイックな武家特有の空気感が醸し出されていた。太平の世は、武士を軍人から公務員へと変えていったが、武士の武術稽古や運動競技への取り組み方には、中世以来の武家社会の精神が宿っていたといえよう。

都市型スポーツの発達

近世庶民の台頭

スポーツ都市、江戸の誕生

江戸庶民の台頭

近世には、庶民を中心とするスポーツ文化が花開くが、その発展を担った都市が将軍のお膝元の江戸である。諸藩の武士が集住した江戸では、当初は武士を相手取ったスポーツ産業が盛んだったが、元禄（一六八八～一七〇四）以降、庶民の台頭を背景に新時代が訪れる。

一七世紀前半に約一五万人だった江戸市中の庶民人口は、元禄になると三五万人を突破し、享保（一七一六～三六）には五〇万人に達した（竹内ほか『東京都の歴史』）。この頃には、推定約五〇万人の武家人口を加えて、江戸は世界有数の「百万都市」となる。

拡大する江戸の人口を背景に、一七世紀末には商工業を営む庶民層が武士を凌ぐ経済力を獲得した。江戸時代後期の医師、加藤曳尾庵《かとうえびあん》の随筆『我衣《わがころも》』には、「元禄の頃より、町人をごる」と記されている。

経済成長を遂げた江戸庶民は、武士特有のスポーツの楽しみ方にも手を伸ばす。『文昭院殿御実紀』によると、正徳元年（一七一一）、幕府は江戸庶民が力士を召し抱える風潮に対し、庶民には似つかわしくない行為だとして禁令を出した。諸藩による力士の召し抱えが江戸庶民の間にも普及し、支配者の目に余るレベルで活発化していた様子を物語る。

爛熟した庶民文化が興る文化・文政（一八〇四〜三〇）の頃には、中下層の江戸庶民もある程度の現金収入を獲得し、大いにスポーツを楽しむようになる。江戸の都市化は、貨幣を仲介役として楽しむ都市型スポーツの世界を創出し、「する」だけではなく「みる」スポーツの伝統も確立していった。近代社会に先駆けたスポーツ都市の誕生である。

自由だった江戸庶民

江戸庶民の生活には、スポーツに身を投じるだけの時間的なゆとりはあったのだろうか。

アンベールは、『日本図絵』に江戸庶民の休日観を書き留めている。江戸には数日間働いた後に必ず休日が一日回ってくるような「行き届いた制度」は何もなく、「月ごとに祭日があるが、労働階級にはあまり縁のないものである。けれども年のはじめには、一週間続けて休みがある。」のだという。

これを読むと、江戸庶民は年始の数日間しか仕事を休めなかったように思えてくるが、アンベールは西洋人と日本人の休日観の差異を指摘したにすぎない。キリスト教文明に生きる西洋人には安息日としての週休が与えられていたのに対して、江戸庶民には定期的な休日はなかったことを暗示しているのである。

休日が農事暦に組み込まれていた村落とは違って、絶えず住民が入れ替わる江戸の庶民社会では、共同体として休日を取る習慣はなかった。江戸の住民がいっせいに仕事を休む機会は、アンベールがいうように年始の数日間に限定される。しかし、江戸庶民は年中無休ではなく、彼らの休日の取り方は基本的には個人の自由に任されていた（宮田『江戸歳時記』）。

オールコックは、「日本人は、一般的に生活や労働を気楽に考えているようで、何か珍しい物を見るためには、たちどころに群衆が集まってくる。」（The capital of the tycoon）と書いた。その眼差しは、工業化以前の労働の特質を鮮明に浮き彫りにしている。近代工業の確立とともに発生した時間と引き換えの計画的な賃金労働は、近世の日本では知られざる観念だったのである（渡辺『逝きし世の面影』）。

このように、江戸庶民は休みたい時に気儘《きまま》に休み、江戸市中に散在する多様なスポーツを楽しむ自由を持っていたといえよう。

ここで、江戸庶民がどのようにスポーツを楽しんだのか、時代を追って概観してみたい。

江戸庶民とスポーツ

近世初頭、いまだ経済力に乏しかった多くの江戸庶民は、歳時風俗と関わる遊びを中心としながら、寺社境内の見世物や芝居見物など安価な遊びに親しんでいた。この頃、夏の夜に男女が寄り集まって道端で踊り明かす盆踊りが流行し、元禄頃にピークを迎える。千住大橋で隅田川を境に地区対抗で争う綱引きは、伝統的な夏の年中行事だった（図44）。

図44　江戸千住大橋の綱引き
（『東都歳事記』巻2より）

江戸市中ではたくさんの祭礼が催されたが、江戸城内で将軍の上覧を仰ぐ天下祭りは別格である。町内対抗で山車《だし》の見栄えを競った天下祭りでは、江戸っ子たちは町のプライドをかけて威勢よく練り歩いた。

各種の武芸をはじめ、蹴鞠《けまり》、凧揚《たこあ》げ、魚釣りなどは当初の担い手は武士だったが、近世中頃になると、そこに庶民が積極的に参入する現象が起こる。やがて、江戸には庶民ならではのスポーツも散見されるようになった。腕相撲、指相撲をはじめ、首引、枕引、すね押しといった力くらべは、江戸の庶民生活に根づいた簡易的なスポーツである。

文化・文政頃、江戸庶民は武士を凌ぐ経済力を獲得する。貧富を問わず多くの人びとが勧進相撲《かんじんすもう》興行を楽しむようになり、寺社境内に建てられた相撲小屋は勝負に賭ける人びとで賑わった。都市の貨幣経済が各地の街道筋まで浸透すると、江戸庶民の間では、伊勢詣、富士詣、大山詣など、遠くの土地まで歩いて往復する長距離徒歩旅行が普及する。

江戸の子どもたちは、凧揚げ、独楽回《こままわ》し、破魔弓《はまゆみ》、竹馬、お手玉、手鞠、羽根つきなど、多様なスポーツに熱中していた。また、毬杖《ぎっちょう》、印地打《いんじう》ち（石投げ）、雪合戦、かけくらべ、鬼ごっこなど運動量の多い競技も楽しんでいて、その活発さは大人顔負けである。

大道芸人の高度な技芸も、江戸の人びとを唸らせた。芸人たちが江戸市中で披露した数々の曲芸は、勧進相撲とともに「みるスポーツ」の裾野を形成していく。

江戸庶民のスポーツが活性化した理由は、彼らの経済成長だけではない。喜多村信節《きたむらのぶよ》の『嬉遊笑覧』には、身分を問わず多くの人びとが遊び事に没頭できるのは、世の中が「無事之時」だからだと記されている。平和社会の実現が、江戸庶民のスポーツ環境を保障していたのである。江戸庶民による都市型スポーツの隆盛は、平和と豊かさの象徴だった。

信仰を建前として遊ぶ人びと

封建制下にあって、庶民がスポーツを楽しむには時として名目上の理由が必要だった。その大義名分が寺社への信仰である。例えば、寺社境内で開催された勧進相撲は、寺社修復の資金調達を名目に興行が許可されている。また、力石《ちからいし》、楊弓《ようきゅう》、見世物としての各種の曲芸も、人が集まる寺社の境内で行われた場合が多く、やはり信仰と切り離せない。神に奉納する祭礼もこのタイプに含み入れてよい。

遠隔地への徒歩旅行は、寺社参詣を理由にすれば手形の発行が容易になり、庶民は次々と日本周遊の旅に出ている。喜多村信節が『嬉遊笑覧』に当時の旅の傾向を「神仏に参るは傍らにて、遊楽をむねとす。」と書いたように、旅人の真の目的は、寺社への信仰心よりも道中の異文化に触れて楽しむことに向けられていたといえよう。

このように、江戸庶民は信仰を隠れ蓑にしてスポーツを楽しむ術《すべ》を見出していた。一方で、世俗的な空気をまとった江戸のスポーツには、聖なる信仰が横たわっていたことも忘れてはならない。江戸のスポーツは聖俗をセットにして理解すべきである。

スポーツ用具産業の成長

一八世紀以降、江戸ではスポーツ用具の製造を請け負う職人が台頭する。近藤清春《こんどうきよはる》の『今様職人尽百人一首』には、一八世紀初頭の江戸の職人が業態ごとに描かれているが、中には弓を製造する「ゆみ師」（一二八

図45　18世紀初頭のスポーツ用具職人（『今様職人尽百人一首』より，国立国会図書館所蔵）

（まり屋）

（楊弓師）

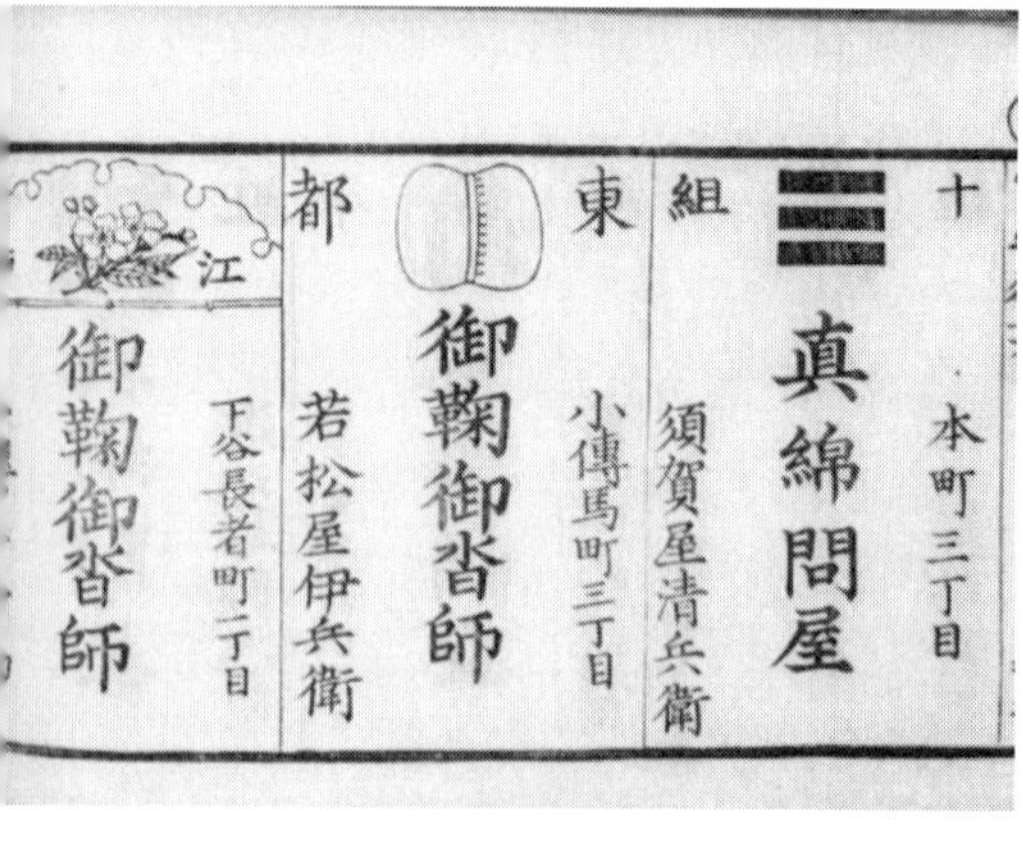

図46　蹴鞠用具店の広告（『江戸買物独案内』より，国立国会図書館所蔵）

ページ掲載図36）、蹴鞠用の鞠を製造する「まり屋」、楊弓の弓矢を製造する「楊弓師」など、スポーツ用具職人の姿もある（図45）。天明七年（一七八七）刊行の『紅毛雑話』によると、長崎の出島でオランダ人が興じていた西洋式のラケットスポーツの用具製造は、江戸在住の職人に発注されていたという。

一九世紀の江戸には、スポーツ用具を販売する店も軒を連ねていた。文政七年（一八二四）に出版された江戸の商店を紹介する『江戸買物独案内』には、釣具店や蹴鞠用具店の広告が掲載され（図46）、スポーツ用具の販売店が江戸市中に店を構えていたことがわかる。

有力な蹴鞠用具の商人の中には、蹴鞠の家元《いえもと》と密接な関係を結ぶ者も出現した。彼らは、家元の権威のもとで門弟を取り、蹴鞠の手ほどきをする役割も担っていたという（渡辺「蹴鞠用具について」）。蹴鞠の家元は、用具の供給能力と顧客情報を合わせ持つ商人に弟子の新規獲得と技術指導を任せることで、蹴鞠のマーケット拡大を目論んでいたのである。

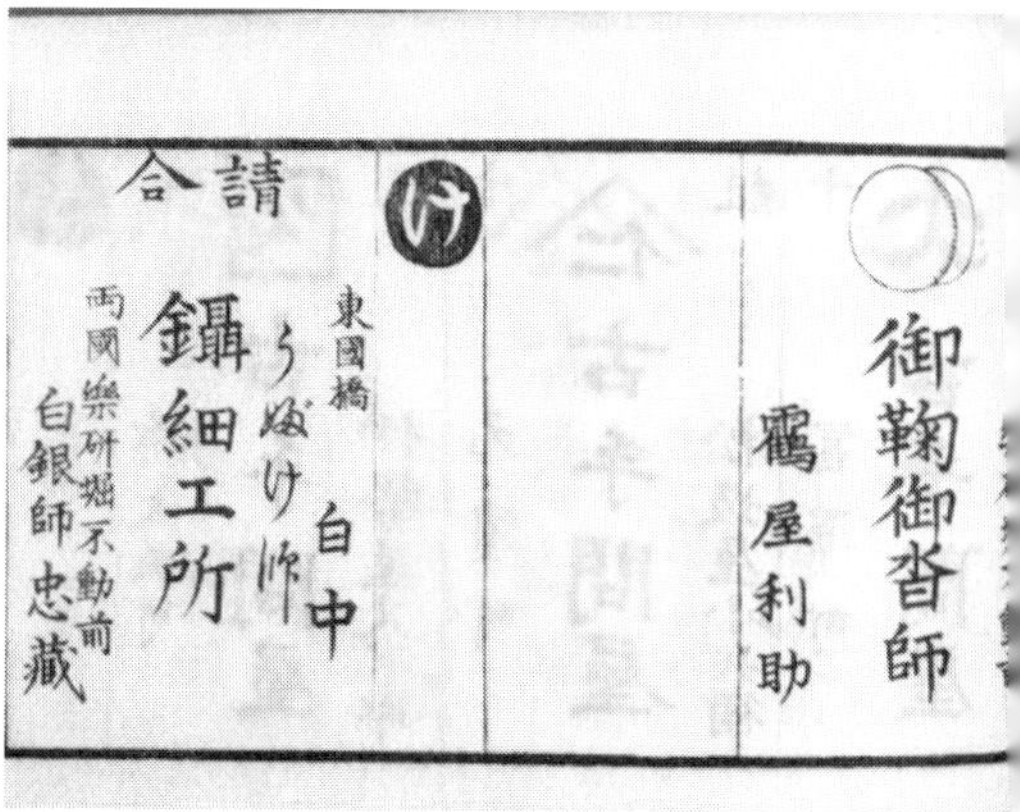

花開く江戸のスポーツ文化

勧進相撲の成熟

江戸の勧進相撲は、宝暦年間（一七五一〜六四）に「相撲会所」という興行運営組織が成立したことで、さらなる発展の時期を迎える。寛政三年（一七九一）、江戸城内で一一代将軍の徳川家斉《とくがわいえなり》の前で行われた上覧相撲をきっかけに、江戸の勧進相撲は確固たる地位を獲得する。人気力士も生まれ、勧進相撲は江戸を代表するスポーツ興行として定着した。その盛況ぶりは、天保三年（一八三二）刊行の『江戸繁昌記』の中で、歌舞伎、吉原遊郭と並ぶ「江戸三大娯楽」の一つに数えられたほどである。

勧進相撲が安定した地位を築いた背景には、絶妙なバランス感覚で収益をコントロールした相撲会所の経営手腕があった。例えば、嘉永三年（一八五〇）春の興行は観客の入り

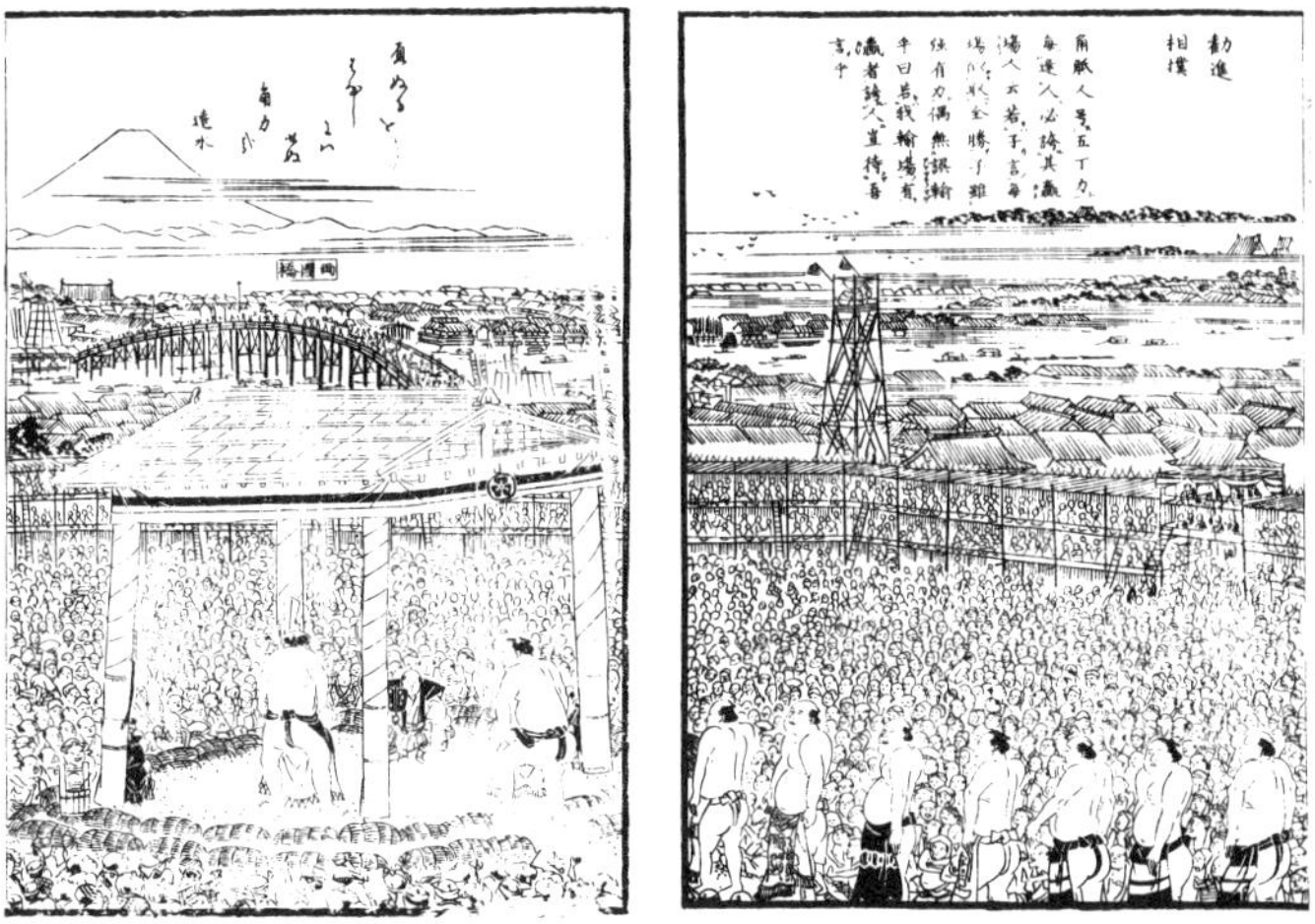

図47　江戸回向院の勧進相撲（『東都歳事記』巻4より）

が悪く、このまま興行を続けても収益が見込めないため打ち切りの判断をしている（『勧進相撲興行一件』）。大損をしないように調整していたことがうかがえよう。

一九世紀中頃には、両国界隈に多くの相撲部屋が設けられた。師匠と弟子（親方と力士）が寝食をともにしながら相撲の稽古に励むという、近代以前の日本に存在した、いわばプロスポーツ選手の養成機関である（生沼『相撲社会の研究』）。

近世には印刷技術の発達に伴い、相撲番《ばん》付《づけ》の発行業者も登場し、毎回の興行の度に大量の番付が刷られた。また、人気力士の多色刷りの錦絵も出回り、庶民文化の開花とともにグッズ販売業も加速する。近世後期にかけて、江戸の勧進相撲は庶民を中心とした都市型スポーツへと成熟していったのである（図47）。

剣術道場に通う庶民たち

近世後期の江戸市中で剣術道場の経営が盛んになると、庶民の中にも町道場に通って汗を流す者が増加した。自宅で剣術の個人練習を行うための『剣道独稽古』という絵入りの教本も出版される。このことは、それまで武士の専有物だった剣術が、庶民層にも身近な手習い事として降りてきた時世を物語る。

幕府は、商工業に専念すべき江戸の一般庶民が、剣術を含む武技の稽古に励む実態を憂慮していた。天保一四年六月には、師範たちに対して庶民に武技を教授しないようにと通達が出される（『慎徳院殿御実紀』）。町道場の師範たちが、庶民の入門を積極的に受け入れ、稽古をつけていたことがわかる。経済力を持つようになった庶民層をターゲットにしたスポーツ教育産業が、近世後期の江戸には興隆していたのである。

大道芸人の時代

江戸の町には、大衆芸能を演じる大道芸人たちが多数出現した。芸を商品化した彼らは、人びとを唸らす高度な技芸を武器に世間に名声を轟かせていく。

芸人たちが繰り出す曲芸は、見世物として江戸の人びとを虜にした。類稀《たぐいまれ》なリフティング技術を披露する曲鞠《きょくまり》、鍛え上げたアクロバットで客を魅了する軽業《かるわざ》、騎乗しながらパフォーマンスを演じる曲馬《きょくば》など、寺社の境内や繁華街でダイナミックな曲芸が演じられた。見物料を支払ってまでみたいと思わせる高度な芸だけが生き残るシビアな世界である。

人並はずれたテクニックを駆使して鞠《まり》を蹴る見世物を曲鞠と呼んだ。観客に見せることを前提としたリフティングの曲芸である。天保一二年三月、浅草寺観音の開帳に合わせて境内で曲鞠の見世物が行われた。大坂出身の菊川国丸《きくかわくにまる》という芸人が披露する曲鞠はたちまち評判を呼び、日を追うごとに見物人が増えていったという（図48、『武江年表』）。

松浦静山《まつらせいざん》の随筆集『甲子夜話《かっしやわ》』には、人づての見聞ではあるが、この曲鞠の一部始終が紹介されている。同書によれば、菊丸が披露した演目は一〇種類をゆうに超え、キックだ

図48　菊川国丸の曲鞠（「菊川国丸の曲鞠」）

けでなくヘディングや背中で受けるトラップなど、今日のサッカー選手も顔負けの高難度なリフティングだったようである。

楊弓というビジネスモデル

江戸庶民が自ら行うスポーツの中でも、室内で小弓を用いて手軽に楽しめる楊弓は着実に人気を獲得していった。明和五年（一七六八）刊行の『絵本吾妻の花』には、楊弓について「今 江戸にて大におこなはる、なり」と記され、当時の盛況ぶりを知ることができる。

江戸市中で楊弓が栄えたエリアは、浅草、日本橋、両国橋、愛宕山、神田明神、湯島天満宮、芝神明など、名のある寺社の境内や広小路である（図49）。矢場《やば》（楊弓の競技場）の営業は、盛り場の集客力を背景に成立していたといえよう。

毎年、五月と九月の二五日には「結改総会」という楊弓の競技会が開かれた。『東都歳事記』によると、優勝者には「江戸一」の称号が与えられ、江戸中の矢場の看板にその名が大きく掲げられたという。この大会は、矢場の経営陣が一丸となって江戸庶民の競争熱を煽《あお》り、楊弓の人気を獲得するための方策でもあった。

庄内藩士の金井国之助《かないくにのすけ》も、江戸勤番中に矢場に通った形跡がある。弘化元年（一八四四）四月一三日に芝神明社の前で営業していた楊弓店に入り、矢の命中数による賭け事を楽しんでいる（岩淵「庄内藩江戸勤番武士の行動と表象」）。

図49　江戸浅草奥山の楊弓（『近世職人尽絵詞』より，東京国立博物館所蔵）

楊弓が江戸人の心を捕えて離さなかったのは、その競技性だけが理由ではない。矢場に置かれた「矢場女」と呼ばれる女性従業員たちが商売繁盛の鍵を握っていた。矢場女は、的の周りに落ちた矢を拾い集めることを表向きの仕事としながら、裏側では男性客を相手に春を売るという別の顔を持っていたのである。楊弓を楽しみにきたふりをして、女性との遊興を目当てに足繁く矢場に通った男性客も少なくなかった。この表裏一体を経営戦略とみなせば、矢場の経営者は時代が許容する範囲で優れた手腕を発揮していたことになろう。

享和二年（一八〇二）、浅草寺境内に店を構えた一軒の矢場の経営権が売却されている。買い取ったのは、下総国葛飾郡鬼越村（千葉県市川市）の五《ご》兵《へ》衛《え》という人物だった（吉田『都市 江戸に生きる』）。浅草寺境内の矢場の経営が、収益を見込めるビジネスとして江戸から遠く離れた村の有力者の耳にまで届き、ついには経営権を手中に収めた事例である。

相撲見物の楽しみ方

大規模スポーツ施設だった相撲小屋

江戸の勧進相撲では、年間二回の興行のたびに寺社の境内に相撲小屋が仮設された。嘉永三年（一八五〇）の両国回向院《えこういん》の興行では、境内の空き地に間口一八間（約三二メートル）、奥行二〇間（約三六メートル）の相撲小屋が建てられている（『勧進相撲興行一件』）。

相撲小屋の客席には、桟敷《さじき》と土間《どま》があった。周囲二階建ての桟敷は一間ごとに定員があったが、回向院の場合は一間につき八人詰めだったという（高埜「相撲年寄」）。一階のフロアに設けられた土間の席には定員がなく、土俵から桟敷までの間に可能な限り観客を詰め込んだため、密集状態の観戦を余儀なくされた。明治初頭に回向院で勧進相撲を観戦したイギリス人のスレイデンは、相撲小屋の場内は桟敷も土間も観客で埋め尽くされ、土間は労働者階級でごった返していたという体験記を綴った（The Japs at home）。

江戸の相撲小屋は、どのくらいの観客を収容できたのだろうか。江戸の古本商が書いた『藤岡屋日記』によると、安政三年（一八五六）秋の回向院の相撲小屋は一万人あまりを収容したという。実際に一万人が入ったかどうかは疑わしいが、相撲好きの観客が大挙して押し寄せたのだろう。土屋喜敬は、近世後期の江戸の相撲小屋には、桟敷におよそ一二〇〇名、土間には一八〇〇〜二四〇〇名が入り、合わせて三〇〇〇〜三六〇〇人の観客を収容したと推定している（『ものと人間の文化史　一七九　相撲』）。

江戸の相撲小屋は、急増する庶民人口と人びとの相撲熱に応える大規模スポーツ施設だったのである。

木戸の役割

相撲小屋の出入り口を木戸《きど》と呼ぶ。木戸のサイズは観客一人がようやく通れる横幅で、頭上も低くなっていた。スレイデンが通過した木戸も、頭上の高さは三フィート（約九一センチ）ほどで、かなり低い設計である（The Japs at home）。

木戸が狭く作られた理由の一つは、無銭入場者の防止対策だった。「勧進大相撲繁栄之図」には相撲小屋の木戸の内側が描かれているが（図50）、ここを通過するには酒樽に腰掛けた屈強な男たちの間を通る必要があり、無銭入場などそう簡単にはできそうもない。かなり厳重な警備体制が敷かれていたことがわかる。

木戸を狭くした理由が無銭入場者の防止だけなら、横幅を狭めれば十分だったはずである。ではなぜ、木戸は身を屈めて通らなければならないほど低く作られていたのだろうか。勧進相撲と同じく江戸で繁栄した歌舞伎の芝居小屋でも、木戸は横幅が狭められ、身を屈めなければ入れないほど低く作られる場合があった。その理由は、芝居小屋で歌舞伎を楽しむ準備段階として、狭く低い木戸を「くぐる」ことで、観客に異次元に生まれ変わったことを確信させる必要があったからだという（服部『大いなる小屋』）。

勧進相撲の木戸も同様で、身を屈めて「くぐる」という行為を通して、観客に相撲小屋という異次元空間に入り込んだことを意識させるための装置だったと考えられる。

図50　相撲小屋の木戸の内側（「勧進大相撲繁栄之図」より）

桟敷の値段

勧進相撲の見物には木戸銭が必要だった。『文政年間漫録』によると、文政（一八一八～三〇）頃の江戸では、その日稼ぎの生活を営む中下層の商人（棒手振《ぼてふ》り）と職人（大工）の日収は四〇〇〜五四〇文程度で、支出額を差し引いた残金は一〇〇文程度だったという。

近世後期の江戸で行われた勧進相撲の桟敷代は定かではないが、元禄一三年（一七〇〇）の京都岡崎神社の勧進相撲では、桟敷代が一間につき三五匁（約二九四〇文）だった（『大江俊光記』）。また、元禄一五年に開催された大坂の勧進相撲の桟敷代は四三匁（約三六一二文）である（『摂陽見聞筆拍子』）。時代と地域差を考慮する必要はあるが、江戸の勧進相撲の桟敷代も、おおむね三〇〇〇〜三五〇〇文程度だったと仮定したい。

中下層の江戸庶民の経済事情に照らすと、桟敷の木戸銭は容易に手を出せる金額ではなかった。彼らが手にした余剰金は日額で一〇〇文程度だったが、一回の相撲見物の費用を三五〇〇文で見積もると、余剰金をすべて貯蓄に回しても満額までは約三五日間を要する。桟敷での相撲見物は、中下層の江戸庶民にとって贅沢な娯楽だったといわねばならない。

ただし、前述した桟敷の値段は一間を単位とした金額で、これを同行の人数で〝割り勘〟することもできた。回向院の桟敷は一間につき八人詰めだったので、桟敷代（三五〇〇文）を人数（八人）で割ると、一人あたりの負担額はおよそ四四〇文となる。それでも、中下層の庶民が手にした余剰金の四〜五日分に相当し、贅沢感は否《いな》めない。興行の運営側からすれば、桟敷のターゲット層はその日暮らしの庶民ではなく、一部の富裕層だったのだろう。

土間の値段

次に、密集状態で観戦する土間の木戸銭についてみてみよう。

金井国之助は、江戸勤番中の天保一四年（一八四三）三月、回向院の勧進相撲に仲間を連れて都合八人で見物に訪れた。この時、国之助は土間の升席を予約し、総額で一一～一二匁（約九二四～一〇〇八文）を支払っている（岩淵「庄内藩江戸勤番武士の行動と表象」）。この値段を八人で割ると、一人あたり一一五～一二六文である。回向院で相撲見物をしたスレイデンは、三人分の土間の木戸銭としておよそ六〇〇文を支払っているので（The Japs at home）、土間が一人あたり約二〇〇文だったことがわかる。

このように、勧進相撲の土間の値段は、桟敷よりも安価に抑えられていた。中下層の江戸庶民の経済力でも、土間の木戸銭は十分に手が届く範囲にある。土間は、江戸の人口の大半を占めた中下層の一般庶民をターゲットにした客席だったといえよう。（以上の文と匁の貨幣の換算は、磯田『武士の家計簿』より）

相撲ファンの一日

『江戸繁昌記』には、江戸の相撲見物に通う人びとの行動パターンが詳述されている。

明け方から回向院の櫓太鼓《やぐらたいこ》が断続的に打ち鳴らされる中、相撲見物に赴く者は早朝に寝床で食事を済ませて両国へ出発する。東西の力士が土俵に上がって取り組みがはじまると、観客は相撲見物に没頭し、勝負が決着するまでは贔屓《ひいき》の力士に声援を送り虚勢を張る。

図51　投げ纏頭をする桟敷の観客（「江戸両国回向院大相撲之図」より，国立国会図書館所蔵）

頭には手拭いを巻き、両手に大量の汗を握った。皆、腕まくりをして歯を食いしばり、気が狂ったかのような状態になる。行司の軍配が上がると、江戸湾がひっくり返るほどの大歓声が轟き、観客は祝儀として衣類や物品を土俵に投げ入れる。自分の着物をすべて脱いで投げ尽くす者もいれば、周囲の客の着物を奪い取る者もいる。

このように、江戸の勧進相撲は実にエキサイティングな空間を生み出していた。大観衆が固唾《かたず》を飲んで力士の取り組みを見守り、勝敗の行方に狂喜乱舞した様子が目に浮かぶ。

観客が贔屓の力士の勝利を祝って土俵に衣類や物品を投げ入れる行為は、「投げ纏頭《はな》」と呼ばれた。投げ込まれた物を呼出《よびだし》が拾って力士に届け、力士の付け人が持ち主に返すと、代りに祝儀が与えられたという（『相撲大事典』）。投げ纏頭をする桟敷の光景は、「江戸両国回向院大相撲之図」に描かれている（図51）。観客たちは頭に手拭いを巻き、着物を脱いで土俵に向かって投げ入れ、褌《ふんどし》一枚で騒ぎ立てる。力士とみられる大柄な男の姿もあり、観客が贔屓の力士を桟敷に上げて酒食を振る舞ったのだろう。

熱狂的な相撲ファンたちが、江戸の勧進相撲の発展を支えていたのである。

江戸のスポーツ賭博

江戸の勧進相撲が賑わったのは、勝敗の結果が賭博の対象になっていた影響が大きい。幕末に相撲見物をしたアンベールは、この点を次のように観察した（『日本図絵』）。

相撲競技は、まさしく日本民衆にもっとも古くから愛好されている娯楽に違いない。だが、日本人の好むいろいろな見世物の魅力の中には、賭がその大きな部分を占めているからこそ熱狂することを見逃すわけにはゆかない。日本人には競馬の制度がないが、その代り、力士の部族がつくった集団と集団（番付の東西）の間で行なわれる競技の勝負に賭けることを考え出した。

また、幕末の江戸で暮らした鹿島萬兵衛《かじまんべえ》が相撲小屋の内外で賭博が盛んだったと回顧したように（『江戸の夕映』）、相撲小屋で直接観戦しなくても賭けに参加することはできた。相撲賭博が少額でも参加できるものだったなら、中下層の江戸庶民の中にも相撲見物を賭博と絡めて楽しんだ者が多くを占めていたと考えてよい。

勧進相撲に限らず、現金が飛び交う江戸では、競技性を伴うスポーツの大半は賭け事の対象となった。勝負を見守る観客が賭けるタイプから、競技者自らがこじんまりとギャンブルを楽しむものまで、江戸には幅広いスポーツ賭博の世界が広がっていたのである。賭博を伴うスポーツは何度も幕府の取り締まりを受け、江戸では一七世紀後半から禁令が増加した（谷釜「禁令にみる江戸庶民の娯楽活動の実際」）。禁令の頻出は、江戸の人びとの賭博熱が凄まじかったことを物語っている。

都市型スポーツの地方への波及

村の休日

近世村落の休日を決めたのは封建領主ではなく、村人たち自身である。農事暦と関わって定められた村の休日は、もともとは農作業を休んで神祭りを催すための日だった。しかし、近世後期になると休日は信仰から離れ、日頃の労働から解き放たれて遊ぶ日へと変質する。

古川貞雄によれば、信州の村落では近世初期の休日は年間二〇～三〇日ほどだったが、一九世紀に増加傾向をみせ、年間四〇日台から地域によっては五〇～六〇日以上、最大八〇日に及んだ。しかも、休日増加の背景には若者組の強い要求があったという（『村の遊び日』）。

江戸近郊農村も同様で、近世後期の世田谷地域では年間の休日が八〇日以上設けられていた。さらに、講の行事や寺院の縁日を加えると、世田谷の農民は年間一〇〇日を超えて農作業を休んでいたことになる（谷釜「近世農民の娯楽的活動を担った講の役割」）。

このように、近世の村人たちは働きづめではなかった。年間を通じて、共同体の年中行事や祭礼に精を出し、遊戯や運動競技を楽しみ、時には相撲の巡業を観覧するなど、十分に遊ぶ余裕を持っていたのである。

儒学者の荻生《おぎゅう》徂徠《そらい》は『政談』の中で、元禄以降には全国各地の村落にも銭が行き渡り、貨幣経済が浸透したと書いている。村落の人びとも、余剰農産物を販売したり、商工業に携わることで現金収入を手にするようになった。

時間的・経済的なゆとりを得た村人たちは、郷土の伝統的な娯楽だけでなく、金銭と引き換えにした都市型のスポーツを楽しむ条件を手中に収めたのである。

剣術に励む村人たち

都市の庶民層と同様に、地方農村にも剣術を嗜《たしな》む人びとは少なくなかった。一八世紀後半以降は、関東の農村部を中心に在郷の剣術流派が目立つようになる。

上州馬庭村（群馬県高崎市）の豪農だった樋口家は、代々入門者を募り、馬庭念流《まにわねんりゅう》の剣術を指南した家系である。馬庭念流は、流派の運営組織を強化してネットワークを形成し、勢力を拡大していった。周辺農村から上州一円、北関東、江戸にまで門弟を獲得し、最盛期の一八世紀後半には門弟が数千人に及んだといわれる。馬庭念流の入門者は大半が農民や町人層だったが、中には由緒ある家系の武士も道場の門を叩いた（高橋『江戸の平和力』）。

また、天然理心流《てんねんりしんりゅう》の近藤長裕《こんどうながみち》は、寛政元年（一七八九）に江戸に道場を開いたが、思うように門人がつかなかったため近郊農村を巡回して出張稽古を行ったところ、武蔵国の多摩地方に多くの支持者を得ることに成功する（魚住『日本の伝統文化 六 武道』）。

このように、近世の農村には剣術が根を下ろしていた。文化二年（一八〇五）には、幕府が関八州に向けて農民の武術稽古を禁じる触れを出す（今村編『体育史資料年表』）。農民たちの剣術稽古が、幕府の目にあまるほどに熱を帯びた証拠である。武術が殺法としての意義を失いスポーツ競技化した近世には、剣術は身分を越えた運動競技に生まれ変わっていった。

農村での剣術の普及は、村人たちが道場に通うだけの余暇を持ち、指導料を現金で支払える貨幣経済を受け入れていたことと大いに関係があろう。

異文化に触れる徒歩旅行の成熟

近世は庶民の旅が大流行した（図52）。最も人気があったのは、伊勢神宮への参拝を目指す数ヵ月に及ぶ旅である。当時は旅程の大半を徒歩で移動したため、旅人の道中の歩行距離は男性で一日平均三五キロ

図52　旅人の往来で賑わう京都三条大橋（『伊勢参宮名所図会』巻1より）

前後、女性も三〇キロほどの距離を連日のように歩き続けた。男性の場合、一日の歩行距離が五〇～六〇キロを超えた事例も珍しくない（谷釜『歩く江戸の旅人たち』）。

弘化二年（一八四五）、江戸近郊の多摩郡喜多見村（東京都世田谷区）から田中国三郎《たなかくにさぶろう》という農民男性が仲間たちと伊勢に旅立った。几帳面な性格だった国三郎は、およそ八〇日間の道中で使った旅費の内訳を『伊勢参宮覚』という旅日記に漏れなく書き残している。日記をもとに計算すると、国三郎が旅の全行程で使った費用の総額は五両を超える。

国三郎は特別に裕福な人物ではなく、この金額を個人負担で用立てることはできない。そこで、彼は村人が少しずつ旅費を積み立てて代表の複数名が伊勢参宮を行う「代参《だいさん》」の形式で旅立った。いわば、村の公的資金を使って旅をする仕組みである。

伊勢参りを目的とする集団を伊勢講と呼ぶ。近世には全国各地で伊勢講が結成されていた。多くの場合、代表者の選抜はくじ引きだったが、公平性を保つためにすべての講員の伊勢参宮が終わるまで旅費の積み立ては繰り返し行われたという。伊勢講の加入者は男性が中心だったが、代参者に選ばれた主人や知人に便乗して女性がいっしょに旅立つこともあった。

伊勢参りの仕掛け人

庶民の伊勢参りを支えたのが、「御師《おんし》」と呼ばれた宗教者である。御師は、定期的に全国を巡って伊勢神宮にまつわるご利益を宣伝し、人びとを伊勢の地へと誘引した。

御師には担当地域があり、そこから旅人が伊勢にやって来ると、自分の屋敷に旅人を泊めて食事を振る舞い、伊勢界隈の観光案内もするなど、精一杯を尽くしてもてなす。当然、旅人は御師に相応の金額を支払った。御師は宗教者の側面に加えて、旅館業を兼ねたツアーコンダクターの役割も担っていたといえよう。

江戸近郊の世田谷地域では、毎年一〇月頃に龍太夫《りゅうだゆう》という御師の手代《てだい》が伊勢暦を手土産にやって来る慣わしがあった（『家例年中行事』）。御師の熱心な勧誘が実って、近世の世田谷からは多くの村人が伊勢講を組んで旅立ち、皆、伊勢に着くと龍太夫の屋敷に宿泊している（池上「世田谷の伊勢講と伊勢道中について」）。貨幣経済の浸透を背景に、人びとを積極的に遠方へと連れ出す旅行産業が近世後期の日本には根づいていたのである。

村人たちの江戸訪問

近世後期に東日本から伊勢参宮をした人びとにとって、旅の途中で江戸に立ち寄ることは一般的な観光コースだった。例えば、金田一村（岩手県二戸市）の福田福松《ふくだふくまつ》は安政六年（一八五九）の伊勢参宮の往路に江戸を訪問しているし（図53、『伊勢参宮并熊野三社廻り金毘羅参詣道中道法附』）、由利郡本荘（秋田県由利本荘市）の今野於以登《こんのおいと》という女性は文久二年（一八六二）の伊勢参宮の復路に江戸観光を存分に楽しんだ（『参宮道中諸用記』）。

江戸に到着した旅人は、数日をかけて江戸市中を巡る。幕末の志士として知られる庄内田川郡清川村（山形県庄内町）の清河八郎《きよかわはちろう》は、母を連れ立った伊勢参宮の詳細を『西遊草』という旅日記に書き残した。旅の途次に江戸に立ち寄った八郎は、吉原遊郭で花魁道中《おいらんどうちゅう》を見物するなど江戸観光を満喫し、剣術道具、呉服、瀬戸物などを買い漁っている。

女性の旅では、江戸、大坂、京都、名古屋などの大都市の滞在中には、芝居見物に通い詰めることが定番の行動パターンだった。江戸滞在中の丸一日を芝居見物に充てた女性も珍しくない（谷釜『江戸の女子旅』）。

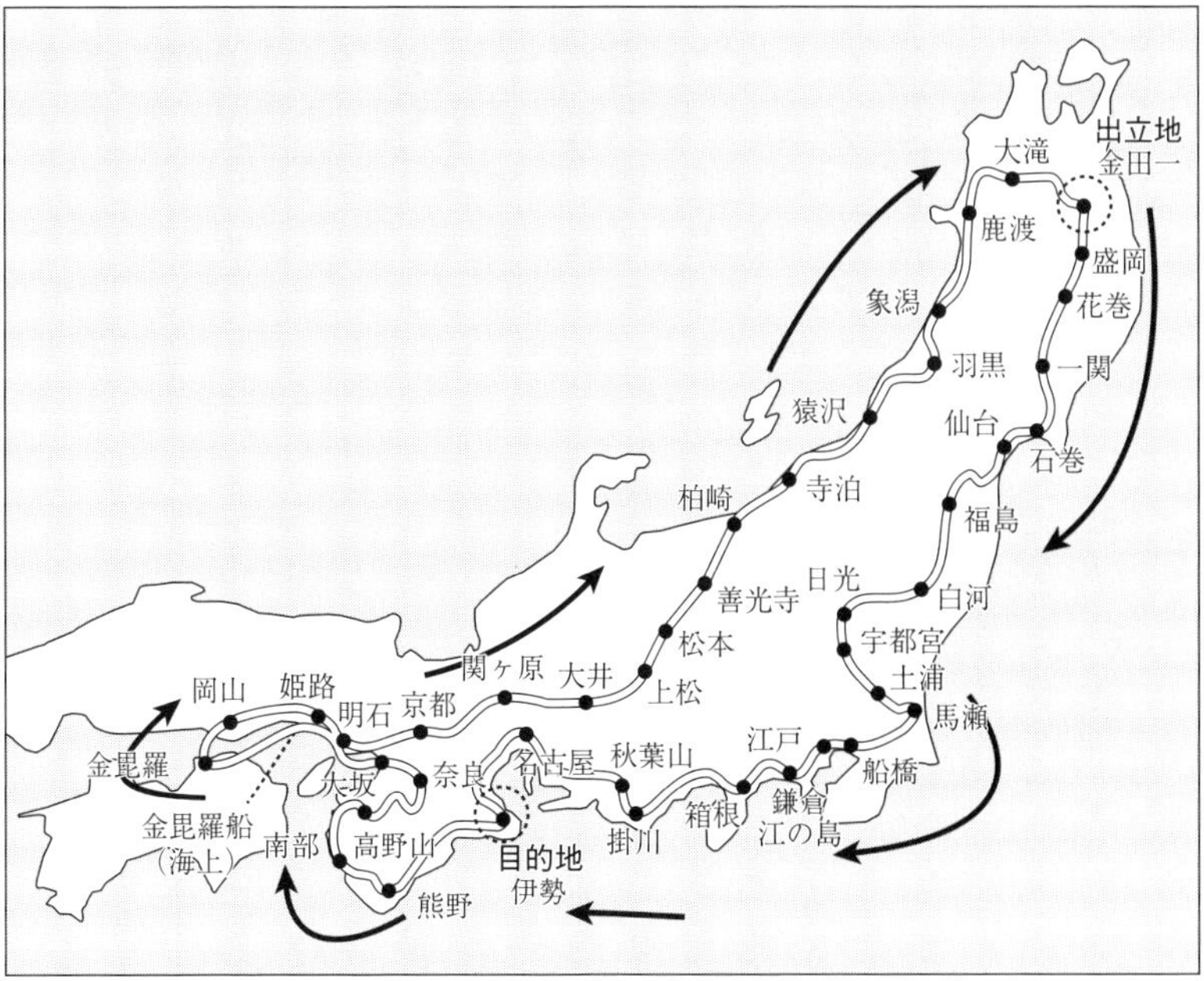

図53　福田福松（男性）の伊勢参りのルート
（出典）　谷釜尋徳『歩く江戸の旅人たち』2（晃洋書房，2023年）をもとに作成.

江戸を訪れた旅人が相撲見物をした事例もある。嘉永元年（一八四八）に会津藩上三依町（栃木県藤原町）から伊勢参宮に出た阿久津重雄《あくつしげお》は、江戸観光の一環として両国で勧進相撲の見物を楽しんだ（『神路山詣道中記』）。江戸の都市型スポーツを地方の人びとも共有できる時代が到来したのである。

勧進相撲の地方巡業

江戸と地方を結ぶネットワークが形成されると、江戸を賑わせた勧進相撲は地方に波及していく。江戸の人気力士たちが地方に出向いて相撲を披露する巡業が、一八世紀中頃からたびたび行われるようになった。

その早い例が、会津若松（福島県会津若松市）の巡業である。天明七年（一七八七）一〇月に材木町住吉神社で、天明九年七月には中六日町馬市で、観客から見物料を徴収する「江戸相撲」の興行が開催されている（『旧若松大角力芝居其他興行見聞留書』）。

また、信州の五郎兵衛新田村（長野県佐久市）では、嘉永元年に江戸から力士を招いて「雨乞相撲」が開かれた（『五郎兵衛新田村雨乞相撲入用帳』）。

こうして、貨幣経済の浸透を追い風に、都市型スポーツとしての勧進相撲が地方展開をみせる。テレビやインターネットもない時代、スポーツを観戦するには人間が移動しなければならない。人びとの江戸と地方の往来を可能にしたのは、全国的な交通インフラの整備が進み、旅行文化が成熟した近世社会の為せる業である。

スポーツ産業の時代

近世の江戸で花開いた都市型スポーツの内実は、ほぼそのままスポーツ産業の発展史として語ることができる。貨幣経済の進展が江戸庶民の人口増加と経済成長を促し、スポーツに関わる各種産業の発達を後押ししたからである。

近世初頭は江戸のスポーツの主役は武士だったが、近世中頃には江戸庶民の著しい台頭によって、庶民をターゲットにした多様なスポーツ産業が興隆した。防具を身に着けて竹刀《しない》で打ち合う安全な稽古法は、用具の製造販売業の存在なくしては成立しなかった。江戸市中や関東の農村に剣術道場が林立し、多くの庶民が入門するようになったのも、剣術が安全性を備えたスポーツ競技へ転換した証拠である。かくして、武士の占有物だった剣術が庶民の手習い事になり、武士の力士の召し抱えを真似する庶民も出現するなど、身分の壁を破ろうとする庶民の勢いは凄まじかった。

近世後期には、江戸の都市型スポーツは最盛期を迎える。勧進相撲は、相撲会所の営業努力で目覚ましい発展を遂げ、「江戸三大娯楽」の座に就いた。楊弓の矢場も、女性従業員を目当てに集う男性客を主なターゲットに、庶民が手軽に弓の腕前を競う場所として繁盛する。

貨幣経済が農村や街道筋まで浸透すると、庶民を担い手とする徒歩旅行の文化が成熟し、全国各地の人びとが日本周遊旅行を楽しんだ。その仕掛け人は、旅館業とツアーコンダクターの顔を合わせ持った御師という宗教者である。地域間の往来が活性化すると、勧進相撲の巡業をはじめ江戸の都市型スポーツを地方の人びとも共有できる時代が訪れる。

近代スポーツの移入を待つことなく、江戸には実に多様な都市型スポーツの世界が広がっていた。先史時代、古代、中世を貫いて近世まで辿り着いた伝統的なスポーツ文化は、江戸という大都市の住民によって新たな時代に適《かな》う代物へと再編されたのである。

都市民にしろ、村人にしろ、庶民が身分の壁を乗り越えて自由にスポーツを楽しんだところに、近世社会の大きな特徴がある。

近代スポーツの到来――エピローグ

近代スポーツ移入の素地が整っていた明治日本

近世の江戸で開花した庶民を中心とする都市型スポーツは、先史時代から続く日本の伝統的な要素を引き継ぎながらも、近代の到来を予見させるような世界観に満ち溢れていた。

プロローグで紹介したように、グートマンは、近代の競技スポーツを特徴づける指標を提示した。それは、「世俗化」「競争の機会と条件の平等化」「役割の専門化」「合理化」「官僚組織化」「数量化」「記録への万能主義」の七つである（『スポーツと現代アメリカ』）。詳細は拙著に譲るが、グートマンの示した枠組みに当てはめると、江戸のスポーツの中には近代スポーツの特質を見出すことができる（谷釜『江戸のスポーツ歴史事典』）。

ボールゲームの形態で比べても、近世の日本には欧米と類似したタイプの競技が存在したし、勝敗の決定方法も、得点の大小や達成した記録で競うなど、客観的に確認可能な尺度が採用されていた（谷釜『ボールと日本人』）。

もちろん、江戸の庶民生活の中に、今日のような純然たる競技スポーツの世界があったわけではない。しかし、欧米の近代スポーツを移入するための素地は、少なくとも近世の段階で整っていたといえよう。

覆いかぶさる欧米産のスポーツ

一九世紀後半に文明開化の時代を迎えると、日本人は在来の運動競技や遊戯よりも西洋由来の近代スポーツに惹かれ、これを積極的に摂取するようになった。当初、近代スポーツに触れる機会を得やすかったのは、富裕層や高等教育機関に通うエリート層である。

軍隊や外国人居留地では欧米産の体操や運動競技が行われたが、近代スポーツの主な受け皿は、近代化の重要な柱として期待された各種の学校だった。その仲介役を担ったのは、学校に雇用された外国人や日本人海外留学生である。以下、比較的早い時期に進行した近代スポーツの移入の事例をいくつか取り上げたい。

日本国内で早期に定着したのが野球である。明治五年（一八七二）、アメリカ人教師のウィルソンが東京の第一大学区第一番中学で教えたのが最初だといわれる。テニスも早期に根を下ろした。明治初期に横浜や神戸の外国人居留地に持ち込まれ、東京高等師範学校の生徒や、同校の卒業生が赴任した学校で行われるようになる。

明治六年には、海軍兵学校寮に招かれたイギリス人将校のダグラスが、日本の海軍兵たちにサッカーを教えた。当時、日本人が体験したのは簡易版のサッカーだったが、明治三〇年代には東京高等師範学校を中心に本格的なサッカーが定着する。同じ頃、ラグビーも日本に普及した。明治三二年、慶應義塾大学教授のクラークは、イギリス留学から帰国した田中銀之助《たなかぎんのすけ》の協力を得て、同校の学生にラグビーを伝えている。

明治四一年には、アメリカ視察から帰国した大森兵蔵《おおもりひょうぞう》が東京ＹＭＣＡの学生にバレーボールとバスケットボールを指導した。より本格的に両競技を日本全国に広めたのは、大正二年（一九一三）にアメリカのＹＭＣＡから派遣されたブラウンである。

そのほかにも、多くの近代スポーツが海を越えて伝わり、日本国内に普及していった。

学校とスポーツ

近代スポーツ摂取の旗振り役となった各種の学校では、体育の教材として欧米産のスポーツに期待が寄せられた。とくに、大学への近代スポーツの導入に貢献した人物が、イギリス出身のストレンジである。

明治八年に英語教師として来日したストレンジは、東京英語学校、東京大学予備門、第一高等学校の学生を相手に陸上競技やボートを教え、日本人学生と居留地外国人とのスポーツ交流の橋渡し役も担った（渡辺「F・W・ストレンジ考」）。また、彼はイギリス流のスポーツマンシップを日本の学生に説き、スポーツの教育的な価値も追求していく。

明治一八年、体操伝習所の坪井玄道《つぼいげんどう》らによって、欧米スポーツの日本への導入を意図した『戸外遊戯法』が出版される。同書によって、学校での欧米スポーツ導入の軌道が敷かれることになった（木下『スポーツの近代日本史』）。

日本人が知らなかった「時間」という要素

近代スポーツの受容にあたって、近世までの日本人が知らなかったのは、西洋的な観念に基づく「時間」の要素である。それまでの日本では、太陽の位置を基準とする不定時法が用いられていたため、同じ「一刻《いっこく》」でも季節によって長さが異なった。近世にも公共用時報としての寺の鐘や時の鐘によってアバウトな時間を知ることはできたが、個人による時間管理は発達していない。日本では、懐中時計を通じて時間が個人のものになっていくのは、早くても明治末期だといわれている（角山『時計の社会史』）。

このように、近世までの日本人は、近代西洋社会のような定量的な時間観念を持たなかった。したがって、日本の伝統的な運動競技には、「四五分ハーフ」「一〇分×四クオーター」「二四秒以内」など、細かく裁断された時間制限は根づくはずもなかったのである。

また、陸上競技や競泳のようにタイムを比べるスポーツも、近代以前の日本には適さなかった。一斉スタートで着順を競うことは可能でも、別個に実施されたレースの間で優劣を競い合うには、日本の時刻制度はあまりにもアバウトだったといわねばならない。

近代スポーツの大衆化

二〇世紀が開幕する頃には、日本国内に近代スポーツが定着し、次第に大衆化していった。すると、近代スポーツは「みる」対象としても大いに賑わいをみせる。

日本初の野球場は、明治一五年に品川に建設された新橋倶楽部の球場だが、そこには観覧用の座席は備わっていない。やがて、明治三六年に初の早慶戦が開かれるが、観客席は球場の外側に補助的に設けられる程度だった。大正一五年、東京市街地に大観衆を収容できる明治神宮野球場が竣工する。収容人数三万一〇〇〇人を誇る、観客に野球を「みせる」ことを意識した本格的なスポーツ施設である。

人びとがスポーツ観戦に興味を持つようになったのは、メディアによるお膳立ても大きい。新聞報道だけでなく、ラジオやテレビの実況中継がはじまると、競技場に直接足を運ばなくてもメディアを通して試合を楽しめる時代が訪れたからである。

日本で近代スポーツが大衆化していく模様を鮮明に捉えた外国人もいた。

明治六年にイギリスから来日したチェンバレンは、『日本事物誌』という日本文化事典を出版する。同書は時代とともに版を重ねていくが、初版から約五〇年後、昭和九年（一九三四）に追記された第六版の記事には、近代スポーツ移入から半世紀が経った頃の日本のスポーツ事情が次のように描写されている。

今や、西洋の屋外スポーツは日本人の心をしっかりつかんでいる。野球と庭球は全国的に行なわれ、日本人選手が国際試合で技を競っている。諸大学や或る学校では、漕艇クラブや水泳クラブのほかに、ラグビーとサッカーのチームを持っている。

長きにわたって日本を見つめ続けた西洋人が綴った、秀逸な時代の記録である。

日本列島のスポーツの系譜

先史時代に現れたスポーツの片鱗は、古代以降に本格始動する日本の前近代のスポーツの下地を形成した。在来文化を有効活用しながら外来の要素を織り交ぜて、新たな代物を生み出していくという日本人が得意とする営みは、先史時代までさかのぼる。古来より日本列島で狩猟具や武具として重宝された弓矢は、古墳時代に大陸から伝わった騎馬文化と融合して騎射《うまゆみ》競技の素地となった。古代には、海を越えて多くの運動競技や遊戯が日本列島に伝来した。貴族たちは、外来スポーツを宮廷風にアレンジし、優雅な気風が漂う日本独特のスポーツの世界を創出する。中世になると、古代の貴族が愛好した多様なスポーツが武士の間に普及し、さらに仏教思想とも絡んで庶民層まで浸透していく。中世は、日本の前近代を彩る運動競技や芸能、遊戯の醸造発酵期だった。

近世には武術がスポーツ競技化し、武士だけでなく庶民の身近な手習い事として盛んになる。平和な社会は武士を軍人から公務員へと変えたものの、武士の武術稽古や運動競技への取り組み方には、中世以来の武家社会の勇壮な精神が宿っていた。

近世の江戸では、庶民による都市型スポーツの世界が誕生する。都市でも村落でも、貨幣経済の担い手となった庶民は、身分の壁を越えて自由にスポーツを楽しんだ。この時代に形成された庶民的なスポーツ文化は、近代スポーツを受容する下地となる。

明治時代になると、長い時間をかけて育まれた日本の運動競技や遊戯の上から欧米産の近代スポーツが覆いかぶさり、現代に至る。言い換えれば、現代日本のスポーツは、その中核に日本古来の伝統的なスポーツの世界を宿しているのである。したがって、日本のスポーツを理解しようとするなら、表面にコーティングされた近代スポーツだけではなく、その内側に広がる前近代の運動競技や遊戯の世界も合わせて知る必要があるといえよう。

日本人とスポーツ

本書では、日本列島のスポーツを先史時代、古代、中世、近世の順に時系列で辿ってきた。本書の全体を通じて、太古の昔から、日本列島は多種多様なスポーツで彩られていたことが明確になったのではないだろうか。

日本人は、時に生存競争として、時に優雅な消閑の手段として、時にストイックな武術として、時に芸能として、時に純粋な遊び事としてスポーツに情熱を注いだ。いつの時代も、日本人は、持ち前の真面目さの中にも、遊び心を忘れずにスポーツと向き合ってきたといえよう。

歴史的にみて、日本のスポーツに通底する精神構造は、「真剣に遊ぶ」ということではなかったか。日本のスポーツ界の行く末を占う意味でも、日本列島で脈々と受け継がれてきたスポーツの楽しみ方は、現代を生きる私たちに大きな手掛かりを与えてくれる。

あとがき

勤務先の大学でスポーツ史の講義を担当する際、必ず初回の冒頭に「スポーツとはどのようなものを意味するか？」と学生に問い、率直な意見を紙に書いてもらうことにしている。すると、学生の大半が、オリンピック種目に代表されるような競技スポーツこそがスポーツだと答える。本書のように遊びの要素に触れたり、マインドスポーツに言及する学生は皆無である。これが、日本人が「スポーツ」という言葉に抱く一般的なイメージなのだろう。

かくいう私も偉そうなことはいえない。大学時代には、我が受講生たちと同じようにスポーツを捉えていたと思う。それどころか、スポーツの意味を真剣に考えたことすらなかったかもしれない。バスケットボールに夢中だった大学生の私にとって、「スポーツとは何か？」という壮大なテーマよりも、「どうやったらもっとシュートが入るのか？」ということの方がずっと大きな問題だった。

大学院に進学し、最初に読んだのが、本書でもたびたび引用したスポーツ史の大家、岸野雄三先生の一連の著作だった。そこには、語源からみたスポーツの意味は「遊び戯《たわむ》れること」だと書いてあり、スポーツという概念の広大さを知ることになる。さらに読み進めていくと、日本のスポーツには有史以来の長い伝統があり、古代には貴族、中世には武士、近世には庶民がスポーツの主役として独自の文化を創造してきたのだという。当時の私にとっては新たなる発見の連続だった（専門家たちは当然のように知っていたのだろうが……）。本書は、この時に味わったワクワク感を一冊にまとめ上げたものだといってよい。

しかし、いざ執筆に取りかかると、本書の中でスポーツをどのような範囲で扱うのかという難題に突き当たった。語源にならって「遊び」に関するすべての営みを扱うことは、紙幅の関係からも現実的ではない。かといって、身体を動かす競技だけを対象にしてしまえば、現代的なスポーツの定義をそのまま引きずるようで、どことなく悔しさが残る。

試行錯誤の末に本書が採用した着地点が、「競争性のある身体的あるいは知的な遊び」である。だから、この枠組みはあくまで本書で扱うスポーツの範囲を示すにとどまり、スポーツという言葉を再定義しようなどという大それた試みではない。

執筆を終えて改めて実感したのは、日本列島には脈々と受け継がれてきたスポーツの伝統があり、いつの時代も、スポーツに熱中する人びとや、それを観覧して楽しむ人びとがいたということである。近代以前の日本にも、今日に引けを取らない魅力あるスポーツの世界が広がっていた。明治以降に欧米から移入され、今日に至っても人びとを虜《とりこ》にして止まない近代スポーツの時代は、長きにおよぶ日本のスポーツの歴史において、ほんの一部分を占めるにすぎない。

日本のスポーツには、時代を反映した担い手や形態、楽しみ方があり、それはいたって社会的な営みだった。私たちが慣れ親しんだ日本史の教科書に載る人びとの暮らしは、多種多様なスポーツで彩られていたのである。日本では、スポーツが人と人、そして人と社会を結ぶ役割を果たし続けてきたと考えたい。

『スポーツの日本史』と題した本書は通史的な試みとして構想されたが、執筆にあたってもっとも腐心したのが先史時代の章である。私に先史時代の予備知識がなかったという事情に加え、文献史料に頼れない時代の運動文化を浮かび上がらせる作業がこんなにも大変なものかと思い知った。古代以降の章も、文献だけでは語り得ないスポーツの実相を描写するために多くの絵画史料の手を借りている。従来、近代以前の日本のスポーツ史が脚光を浴びてこなかった理由のひとつは、こうした史料的な問題にあったのだろう。

とにもかくにも、日本列島に暮らした人びとは、いつの時代もスポーツを存分に楽しみ、真剣に遊んだ。この古《いにしえ》からのメッセージを、スポーツを愛好する現代人のひとりとして静かに受け止めたい。

本書の執筆にあたり、吉川弘文館編集部の若山嘉秀氏には、的確なご助言の数々をいただいた。また、編集の段階に至っては、伊藤俊之氏の懇切丁寧なガイドによって刊行まで辿り着くことができた。両氏の献身的なお力添えに、心より感謝を申し上げたい。

二〇二三年八月

谷　釜　尋　徳

参考文献

青木直己『幕末単身赴任　下級武士の食日記』日本放送出版協会、二〇〇五年
阿部生雄「スポーツ概念の変遷」中村敏雄ほか編『21世紀スポーツ大事典』大修館書店、二〇一五年
網野善彦『日本の歴史をよみなおす（全）』（『ちくま学芸文庫』）、筑摩書房、二〇〇五年
安蒜雅雄「旧石器時代の狩猟」大塚初重ほか編『考古学による日本歴史』二・産業Ⅰ・狩猟・漁業・農業、雄山閣出版、一九九六年
飯田道夫『相撲節会―大相撲の源流―』人文書院、二〇〇四年
池上博之「世田谷の伊勢講と伊勢道中について」『伊勢道中記史料』世田谷区教育委員会、一九八四年
池　修『日本の蹴鞠』光村推古書院、二〇一四年
磯田道史『武士の家計簿―「加賀藩御算用者」の幕末維新―』（『新潮新書』）、新潮社、二〇〇三年
板橋春夫「安政遠足侍マラソンにみる文化資源化」『スポーツ史研究』三〇、二〇一七年
今村嘉雄編『体育史資料年表』不昧堂書店、一九六三年
今村嘉雄『修訂十九世紀に於ける日本体育の研究』第一書房、一九八九年
岩岡豊麻「打毬」岸野雄三ほか編『最新スポーツ大事典』大修館書店、一九八七年
岩岡豊麻「打毬の発祥とその伝播」霞会館編『騎馬打毬』霞会館、二〇〇九年
岩淵令治「八戸藩江戸勤番武士の日常生活と行動」『国立歴史民俗博物館研究報告』一三八、二〇〇七

年
岩淵令治「庄内藩江戸勤番武士の行動と表象」『国立歴史民俗博物館研究報告』一五五、二〇一〇年
魚住孝至『武道』(『日本の伝統文化』六)、山川出版社、二〇二一年
江戸東京博物館編著『江戸のスポーツと東京オリンピック』展図録、江戸東京博物館、二〇一九年
遠藤元男『日本職人史序説』(『日本職人史の研究』一)、雄山閣出版、一九八五年
遠藤元男『ヴィジュアル史料日本職人史』一・職人の誕生、雄山閣出版、一九九一年
生沼芳弘『相撲社会の研究』不昧堂出版、一九九四年
大石　学『江戸の教育力—近代日本の知的基盤—』東京学芸大学出版会、二〇〇七年
太田尚宏「使節ペリーへの贈答品と相撲取」徳川林政史研究所監修『江戸時代の古文書を読む—ペリー来航—』東京堂出版、二〇〇九年
大林太良編『日向神話』(『シンポジウム日本の神話』四)、学生社、一九七四年
大日方克己『古代国家と年中行事』吉川弘文館、一九九三年
岡山大学埋蔵文化財調査研究センター編『岡山大学構内遺跡発掘調査報告』二六・鹿田遺跡六、岡山大学埋蔵文化財調査研究センター、二〇一〇年
小畑弘己「弓矢のはじまり—石器からみた旧石器時代の終焉と縄文時代のはじまり—」小林謙一・工藤雄一郎・国立歴史民俗博物館編『縄文はいつから⁉—地球環境の変動と縄文文化—』増補版、新泉社、二〇一二年
海部陽介『人類がたどってきた道—〝文化の多様化〟の起源を探る—』(『ＮＨＫブックス』一〇二八)、

日本放送出版協会、二〇〇五年
鹿島萬兵衛『江戸の夕映』紅葉堂、一九二二年
岸野雄三「スポーツの技術史序説」岸野雄三・多和健雄編『スポーツの技術史』大修館書店、一九七二年
岸野雄三「日本中世のレクリエーション」岸野雄三・小田切毅一『レクリエーションの文化史』不昧堂出版、一九七二年
岸野雄三「日本人の遊び」『新体育』四三―八、一九七三年
岸野雄三「スポーツ科学とは何か」朝比奈一男・水野忠文・岸野雄三編著『スポーツの科学的原理』大修館書店、一九七七年
木下秀明『スポーツの近代日本史』杏林書院、一九七〇年
グートマン著・清水哲男訳『スポーツと現代アメリカ』TBSブリタニカ、一九八一年
黒田日出男『絵画史料で歴史を読む』（『ちくまプリマーブックス』）、筑摩書房、二〇〇四年
厚生労働省健康局健康課栄養指導室『令和元年国民健康・栄養調査報告』厚生労働省、二〇二〇年
児玉幸多編『鎌倉市史』近世近代紀行地誌編、吉川弘文館、一九八五年
五味文彦『絵巻で歩む宮廷世界の歴史』山川出版社、二〇二一年
五来　重『踊り念仏』（『平凡社選書』一一七）、平凡社、一九八八年
酒井忠正『日本相撲史』上、ベースボール・マガジン社、一九五六年
桜井徳太郎『講集団の研究』（『桜井徳太郎著作集』一）、吉川弘文館、一九八八年

笹島恒輔『中国の体育・スポーツ史』ベースボール・マガジン社、一九八七年
佐伯史子「解剖学的方法による縄文人の身長推定と比下肢長の検討」『Anthropological Science（Japanese Series）』一一四、二〇〇六年
佐藤宏之「日本列島の成立と狩猟採集の社会」『岩波講座日本歴史』一・原始・古代一、岩波書店、二〇一三年
佐野勝宏「日本列島における投槍器・弓矢猟の出現と波及」『シンポジウムHunting―狩猟相解明のためのアプローチ―』八ヶ岳旧石器研究グループ、二〇一九年
佐原　真「日本・世界の戦争の起源」福井勝義・春成秀爾編『人類にとって戦いとは』一・戦いの進化と国家の生成、東洋書林、一九九九年
佐原　真「弥生時代の戦争」佐原真編『古代を考える　稲・金属・戦争―弥生―』吉川弘文館、二〇〇二年
篠田鉱造『増補幕末百話』（『岩波文庫』）、岩波書店、一九九六年
邵文良編『中国古代のスポーツ』ベースボール・マガジン社、一九八五年
ジレ著・近藤等訳『スポーツの歴史』白水社、一九五二年
寒川恒夫『遊びの歴史民族学』明和出版、二〇〇三年
高埜利彦「相撲年寄」塚田孝編『近世の身分的周縁』三・職人・親方・仲間、吉川弘文館、二〇〇〇年
高埜利彦『相撲』（『日本の伝統文化』四）、山川出版社、二〇二二年
高橋　敏『江戸の平和力―戦争をしなかった江戸の二五〇年―』敬文舎、二〇一五年

竹内誠ほか『東京都の歴史』山川出版社、一九九七年
谷釜尋徳「近世農民の娯楽的活動を担った講の役割」『運動とスポーツの科学』一三―一、二〇〇七年
谷釜尋徳「禁令にみる江戸庶民の娯楽活動の実際」『運動とスポーツの科学』一四―一、二〇〇八年
谷釜尋徳『歩く江戸の旅人たち―スポーツ史から見た「お伊勢参り」―』晃洋書房、二〇二〇年
谷釜尋徳『江戸のスポーツ歴史事典』柏書房、二〇二〇年
谷釜尋徳「江戸のスポーツ産業に関する研究―近世日本のスポーツ産業史研究序説―」『スポーツ産業学研究』三一―三、二〇二一年
谷釜尋徳『ボールと日本人―する、みる、つくる　ボールゲーム大国ニッポン―』晃洋書房、二〇二一年
谷釜尋徳『江戸の女子旅―旅はみじかし歩けよ乙女―』晃洋書房、二〇二三年
谷釜尋徳「安政元年のペリー来航時の相撲実演について―江戸の相撲取たちの動向を中心に―」『東洋法学』六七―一、二〇二三年
土屋喜敬『相撲』(『ものと人間の文化史』一七九)、法政大学出版局、二〇一七年
角山　榮『時計の社会史』(『読みなおす日本史』)、吉川弘文館、二〇一四年
手塚竜麿『英学史の周辺』吾妻書房、一九六八年
土井忠生・森田武・長南実編訳『邦訳日葡辞書』岩波書店、一九八〇年
東京教育大学体育史研究室編『図説世界体育史』新思潮社、一九六四年
永井義男『剣術修行の旅日記―佐賀藩・葉隠武士の「諸国廻歴日録」を読む―』(『朝日選書』九〇六)、

朝日新聞出版、二〇一三年
中澤克昭『狩猟と権力―日本中世における野生の価値―』名古屋大学出版会、二〇二二年
西山松之助『家元の研究』校倉書房、一九五九年
西山松之助「近世芸道思想の特質とその展開」西山松之助・渡辺一郎・郡司正勝校注『日本思想大系』六一・近世芸道論、岩波書店、一九七二年
新田一郎『相撲の歴史』(『講談社学術文庫』二〇〇一)、講談社、二〇一〇年
日本相撲協会監修『相撲大事典』第三版、現代書館、二〇一一年
日本体育協会編『スポーツ八十年史』日本体育協会、一九五八年
日本風俗史学会編『日本風俗史事典』弘文堂、一九七九年
芳賀幸四郎『東山文化の研究』河出書房、一九四五年
橋本万平『日本の時刻制度』塙書房、一九六六年
長谷川明『相撲の誕生』(『新潮選書』)、新潮社、一九九三年
服部幸雄『大いなる小屋―江戸歌舞伎の祝祭空間―』(『講談社学術文庫』二〇一一)、講談社、二〇一二年
春成秀爾「武器から祭器へ」福井勝義・春成秀爾編『人類にとって戦いとは』一・戦いの進化と国家の生成、東洋書林、一九九九年
平本嘉助「骨からみた日本人身長の移り変わり」『月刊考古学ジャーナル』一九七、一九八一年
広島県立歴史博物館編『遊・戯・宴―中世生活文化のひとこま―』展図録、広島県立歴史博物館、一九

九三年
藤尾慎一郎『弥生時代の歴史』(『講談社現代新書』二三三〇)、講談社、二〇一五年
藤尾慎一郎『日本の先史時代―旧石器・縄文・弥生・古墳時代を読みなおす―』(『中公新書』二六五四)、中央公論新社、二〇二一年
藤原　哲「弥生時代の戦闘戦術」『日本考古学』一一―一八、二〇〇四年
古川貞雄『村の遊び日―休日と若者組の社会史―』(『平凡社選書』九九)、平凡社、一九八六年
堀達之助編『英和対訳袖珍辞書』復刻版、秀山社、一九七三年
マイネル著・金子明友訳『マイネル・スポーツ運動学』大修館書店、一九八一年
マキントッシュ著・飯塚鉄雄ほか訳『スポーツと社会』不昧堂書店、一九七〇年
増川宏一『合せもの』(『ものと人間の文化史』九四)、法政大学出版局、二〇〇〇年
増川宏一『盤上遊戯の世界史―シルクロード　遊びの伝播―』平凡社、二〇一〇年
増川宏一『日本遊戯史―古代から現代までの遊びと社会―』平凡社、二〇一二年
増川宏一『日本遊戯思想史』平凡社、二〇一四年
松尾恒一『日本の民俗宗教』(『ちくま新書』一四五〇)、筑摩書房、二〇一九年
松尾牧則『弓道―その歴史と技法―』第二版、日本武道館、二〇二一年
松木武彦「原始・古代における弓の発達―とくに弭の形態を中心に―」『待兼山論叢』史学篇・一八、一九八四年
松木武彦『人はなぜ戦うのか―考古学からみた戦争―』(『講談社選書メチエ』二一三)、講談社、二〇

○一年
宮田　登『江戸歳時記』(『歴史文化セレクション』)、吉川弘文館、二〇〇七年
宮本常一『絵巻物に見る日本庶民生活誌』(『中公新書』六〇五)、中央公論社、一九八一年
村戸弥生『遊戯から芸道へ―日本中世における芸能の変容―』玉川大学出版部、二〇〇二年
村戸弥生「後白河院の頃の蹴鞠　上―付・安元御賀の鞠会について―」『金沢大学国語国文』四七、二〇二二年
本木庄左衛門編『諳厄利亜語林大成』復刻版、雄松堂書店、一九七六年
桃崎祐輔「日本列島における騎馬文化の受容と拡散―殺馬儀礼と初期馬具の拡散に見る慕容鮮卑・朝鮮三国加耶の影響―」『渡来文化の受容と展開』埋蔵文化財研究会、一九九九年
森浩一編『井辺八幡山古墳』同志社大学文学部文化学科内考古学研究室、一九七二年
守屋　毅『近世芸能興行史の研究』弘文堂、一九八五年
山田康弘『縄文時代の歴史』(『講談社現代新書』二五一〇)、講談社、二〇一九年
横井　清『中世民衆の生活文化』東京大学出版会、一九七五年
横井　清『的と胞衣―中世人の生と死―』平凡社、一九八八年
横山輝樹『徳川吉宗の武芸奨励―近世中期の旗本強化策―』思文閣出版、二〇一七年
吉田伸之『都市　江戸に生きる』(『岩波新書』新赤版一五二五)、岩波書店、二〇一五年
和歌森太郎『相撲の歴史と民俗』(『和歌森太郎著作集』一五)、弘文堂、一九八二年
和歌森太郎『相撲今むかし』星雲社、二〇〇三年

渡辺一郎「遠馬と遠足—近世・大田区の地理的位置と関連して—」江上波夫ほか監修『馬の文化叢書』四・近世・馬と日本史三、馬事文化財団、一九九三年
渡辺京二『逝きし世の面影』(『平凡社ライブラリー』五五二)、平凡社、二〇〇五年
渡辺　融「F・W・ストレンジ考」『体育学紀要』七、一九七三年
渡辺　融「懸りの木に関するスポーツ史的考察—中世の蹴鞠書から—」『スポーツ史研究』三、一九九〇年
渡辺　融「公家鞠の成立」渡辺融・桑山浩然『蹴鞠の研究—公家鞠の成立—』東京大学出版会、一九九四年
渡辺　融「蹴鞠用具について—鞠作りを中心にして—」『スポーツ用具史研究の現状と課題　水野スポーツ振興会研究成果報告書一九九九年度』二〇〇〇年
渡辺　融「江戸時代の武家打毬」霞会館編『騎馬打毬』霞会館、二〇〇九年
渡辺　融「日本古代のスポーツ」木村吉次編著『体育・スポーツ史概論』改訂三版、市村出版、二〇一五年

著者紹介
一九八〇年、東京都に生まれる
二〇〇三年、日本体育大学体育学部卒業
二〇〇八年、日本体育大学大学院博士後期課程修了
現在、東洋大学法学部教授　博士（体育科学）

〔主要著書〕
『歩く江戸の旅人たち―スポーツ史から見た「お伊勢参り」―』（晃洋書房、二〇二〇年）
『江戸のスポーツ歴史事典』（柏書房、二〇二〇年）
『江戸の女子旅―旅はみじかし歩けよ乙女―』（晃洋書房、二〇二三年）

歴史文化ライブラリー
580

スポーツの日本史
遊戯・芸能・武術

二〇二三年（令和五）十一月一日　第一刷発行

著者　谷《たに》釜《がま》尋《ひろ》徳《のり》
発行者　吉川道郎
発行所　株式会社　吉川弘文館
東京都文京区本郷七丁目二番八号
郵便番号一一三―〇〇三三
電話〇三―三八一三―九一五一〈代表〉
振替口座〇〇一〇〇―五―二四四
http://www.yoshikawa-k.co.jp/
印刷＝株式会社 平文社
製本＝ナショナル製本協同組合
装幀＝清水良洋・宮崎萌美

ISBN978-4-642-05980-0

歴史文化ライブラリー

1996. 10

刊行のことば

現今の日本および国際社会は、さまざまな面で大変動の時代を迎えておりますが、近づきつつある二十一世紀は人類史の到達点として、物質的な繁栄のみならず文化や自然・社会環境を謳歌できる平和な社会でなければなりません。しかしながら高度成長・技術革新にともなう急激な変貌は「自己本位な刹那主義」の風潮を生みだし、先人が築いてきた歴史や文化に学ぶ余裕もなく、いまだ明るい人類の将来が展望できていないようにも見えます。このような状況を踏まえ、よりよい二十一世紀社会を築くために、人類誕生から現在に至る「人類の遺産・教訓」としてのあらゆる分野の歴史と文化を「歴史文化ライブラリー」として刊行することといたしました。

小社は、安政四年（一八五七）の創業以来、一貫して歴史学を中心とした専門出版社として書籍を刊行しつづけてまいりました。その経験を生かし、学問成果にもとづいた本叢書を刊行し社会的要請に応えて行きたいと考えております。

現代は、マスメディアが発達した高度情報化社会といわれますが、私どもはあくまでも活字を主体とした出版こそ、ものの本質を考える基礎と信じ、本叢書をとおして社会に訴えてまいりたいと思います。これから生まれでる一冊一冊が、それぞれの読者を知的冒険の旅へと誘い、希望に満ちた人類の未来を構築する糧となれば幸いです。

吉川弘文館

歴史文化ライブラリー

歴史文化ライブラリー

日本人の誕生 人類はるかなる旅——埴原和郎
倭人への道 人骨の謎を追って——中橋孝博
役行者と修験道の歴史——宮家 準
幽霊 近世都市が生み出した化物——髙岡弘幸
遠野物語と柳田國男 日本人のルーツをさぐる——新谷尚紀

古代史

邪馬台国の滅亡 大和王権の征服戦争——若井敏明
日本語の誕生 古代の文字と表記——沖森卓也
日本国号の歴史——小林敏男
日本神話を語ろう イザナキ・イザナミの物語——中村修也
六国史以前 日本書紀への道のり——関根 淳
東アジアの日本書紀 歴史書の誕生——遠藤慶太
〈聖徳太子〉の誕生——大山誠一
倭国と渡来人 交錯する「内」と「外」——田中史生
大和の豪族と渡来人 葛城・蘇我氏と大伴・物部氏——加藤謙吉
物部氏 古代氏族の起源と盛衰——篠川 賢
東アジアからみた「大化改新」——仁藤敦史
白村江の真実 新羅王・金春秋の策略——中村修也
よみがえる古代山城 国際戦争と防衛ライン——向井一雄
よみがえる古代の港 古地形を復元する——石村 智
古代氏族の系図を読み解く——鈴木正信
古代豪族と武士の誕生——森 公章
飛鳥の宮と藤原京 よみがえる古代王宮——林部 均
出雲国誕生——大橋泰夫
古代出雲——前田晴人
古代の皇位継承 天武系皇統は実在したか——遠山美都男
壬申の乱を読み解く——早川万年
戸籍が語る古代の家族——今津勝紀
古代の人・ひと・ヒト 名前と身体から歴史を探る——三宅和朗
疫病の古代史 天災、人災、そして——本庄総子
万葉集と古代史——直木孝次郎
郡司と天皇 地方豪族と古代国家——磐下 徹
地方官人たちの古代史 律令国家を支えた人びと——中村順昭
古代の都はどうつくられたか 中国・日本・朝鮮・渤海——吉田 歓
平城京に暮らす 天平びとの泣き笑い——馬場 基
平城京の住宅事情 貴族はどこに住んだのか——近江俊秀
すべての道は平城京へ 古代国家の〈支配の道〉——市 大樹
都はなぜ移るのか 遷都の古代史——仁藤敦史

歴史文化ライブラリー

歴史文化ライブラリー

歴史文化ライブラリー

歴史文化ライブラリー

近江商人と出世払い 出世証文を読み解く——宇佐美英機
犬と鷹の江戸時代〈犬公方〉綱吉と〈鷹将軍〉吉宗——根崎光男
紀州藩主 徳川吉宗 明君伝説・宝永地震・隠密御用——藤本清二郎
近世の巨大地震——矢田俊文
土砂留め奉行 河川災害から地域を守る——水本邦彦
外来植物が変えた江戸時代 里湖・里海の資源と都市消費——佐野静代
闘いを記憶する百姓たち 江戸時代の裁判学習帳——八鍬友広
江戸時代の瀬戸内海交通——倉地克直
江戸のパスポート 旅の不安はどう解消されたか——柴田 純
江戸の捨て子たち その肖像——沢山美果子
江戸の乳と子ども いのちをつなぐ——沢山美果子
江戸時代の医師修業 学問・学統・遊学——海原 亮
江戸幕府の日本地図 国絵図・城絵図・日本図——川村博忠
踏絵を踏んだキリシタン——安高啓明
墓石が語る江戸時代 大名・庶民の墓事情——関根達人
石に刻まれた江戸時代 無縁・遊女・北前船——関根達人
近世の仏教 華ひらく思想と文化——末木文美士
松陰の本棚 幕末志士たちの読書ネットワーク——桐原健真
龍馬暗殺——桐野作人
日本の開国と多摩 生糸・農兵・武州一揆——藤田 覚
幕末の海軍 明治維新への航跡——神谷大介
海辺を行き交うお触れ書き 浦触の語る徳川情報網——水本邦彦
江戸の海外情報ネットワーク——岩下哲典

各冊一七〇〇円〜二一〇〇円（いずれも税別）
▽残部僅少の書目も掲載してあります。品切の節はご容赦下さい。
▽品切書目の一部について、オンデマンド版の販売も開始しました。
詳しくは出版図書目録、または小社ホームページをご覧下さい。